外国からの子どもたちと共に

改訂版

井上惠子

序

　昭和47年の「日中国交正常化」、昭和54年の「難民受入開始」、平成２年の「出入国管理及び難民認定法の改正」（日系３世までに日本への定住が認められた）、そして、平成18年にフィリピン、平成19年にインドネシアとの「経済連携協定（ＥＰＡ）締結」による介護福祉士や看護師の受入等に伴い、在住外国人の数は年々増加し、滞在期間の長期化・定住化も進んでいます。

　来日の多くが就労目的であり、私たちは異なる文化や生活習慣をもつ外国人と日常的に接する機会が多くなり、地域社会においては、相互に理解し協力し合いながら生活することが求められています。

　学校においても、多様な文化・生活経験・学習歴をもった日本語を母語としない児童生徒が学んでおり、その実態も、外国で生まれて保護者の就労等で来日した外国人児童生徒、日本で生まれた外国人児童生徒、親の国際結婚により来日した外国人児童生徒等、様々です。外国人児童生徒ばかりでなく、日本国籍をもっているものの、来日したばかりで日本語が分からない児童生徒もおり、日本の学校生活への適応や日本語指導に追われているのが現状です。

　このような状況に対し、文部科学省、県及び各市町村教委では、受入の手引を作成したり、在籍数の多い学校に日本語指導教員を加配したりして対応してきました。さらに、母語の話せる外国人児童生徒指導協力員や地域のボランティア団体等の協力を得て、教員との連携を図りながら、適応指導や日本語指導を進めています。

　また、日本における「国際理解教育」は昭和49年（1974年）にユネスコ総会におい

て採択された「国際理解、国際協力及び国際平和のための教育並びに人権及び基本的自由についての教育に関する勧告」を基礎として進められてきました。日本語を母語としない児童生徒が増加してきている実態から、これからの国際理解教育は、「多様な文化を背景にもつ児童生徒と共に進める国際理解教育」として取り組んでいかなければならないと考えます。

　文部科学省の「初等中等教育における国際教育推進検討会」では、「国際社会で求められる態度・能力」として、①異文化や異なる文化をもつ人々を受容し、共生することのできる態度・能力、②自らの国の伝統・文化に根ざした自己の確立、③自らの考えや意見を自ら発信し、具体的に行動することのできる態度・能力を身につけることを示しています。

　私は、受入・適応・日本語指導を通して、日本語を母語としない児童生徒が「日本語で自分の気持ちが表現できる」ようになると共に、国際理解教育を通して、すべての児童生徒に「互いに認め合い、共に生きていこうとする気持ち」が育っていくことを願っています。

CONTENTS 目 次

序 ……………………………………………………………………………… 2

1．受入・適応

Q1．来日理由・日本での生活に対する意識 ………………………… 8
Q2．現状と問題点 ……………………………………………………… 10
Q3．受入手順・体制作り ……………………………………………… 12
Q4．生活適応 …………………………………………………………… 24
Q5．進学・就職 ………………………………………………………… 25
Q6．補助者との連携 …………………………………………………… 28
Q7．資料（受入の手引・対訳等） …………………………………… 31

2．日本語指導

Q1．日本語指導と国語指導の違い …………………………………… 40
Q2．直接指導法と媒介語を使っての指導法 ………………………… 41
Q3．教える内容 ………………………………………………………… 42
Q4．カリキュラムの組み方 …………………………………………… 43
Q5．楽しく「聞く・話す・読む・書く」を教えるには …………… 44
Q6．楽しく「音声」を教えるには …………………………………… 48
Q7．楽しく「文字・表記」を教えるには …………………………… 53
Q8．楽しく「語彙」を教えるには …………………………………… 59
Q9．楽しく「文法」を教えるには …………………………………… 63
Q10．教科学習に向けて・ＪＳＬカリキュラムの活用 ……………… 66
Q11．日本語教室の整備 ………………………………………………… 71
Q12．補助者との連携 …………………………………………………… 72
Q13．教材（指導参考書・教具） ……………………………………… 74

３．国際理解

出会い
　Ｑ１．学校として　　　………………………………………114
　Ｑ２．教師として　　　………………………………………115
　Ｑ３．迎える児童生徒として　………………………………116

学校生活への適応・日常的な日本語習得の時期
　Ｑ１．生活習慣や学校生活の違い　…………………………117
　Ｑ２．学級で　………………………………………………118
　Ｑ３．日本語の学習　………………………………………119

教科学習についていくための日本語習得の時期
　Ｑ１．教材開発・カリキュラムの工夫　……………………120
　Ｑ２．国際交流　……………………………………………124
　Ｑ３．母語学習　……………………………………………125
　Ｑ４．補助者との連携　……………………………………126

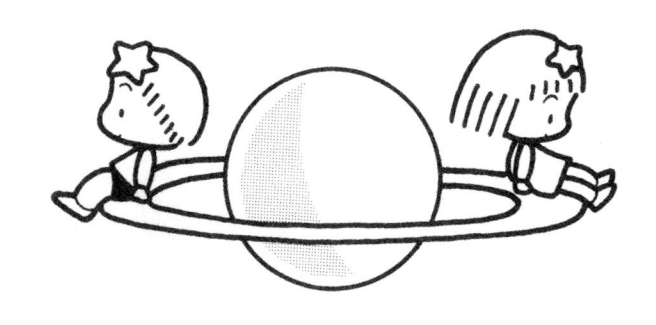

まとめ　………………………………………………………127

受入・適応

Q1．来日理由・日本での生活に対する意識

1、児童生徒の来日の理由・背景を知り、配慮しましょう。

来日の理由としては、主に次の5つがあげられる。

（1） 父母の日本留学や日本勤務の家族として

アジアからの留学生が多い。企業等の日本勤務の場合は、在留期間が短く、子どもの帰国後に備えて、母語や母国の勉強もさせなければならない。帰国後の進級・進学問題もある。

（2） 父母の国際結婚により

母親が外国人の場合、家庭での会話は母語なので、子どもの日本語の習得が難しい。しかし、時間が経つにつれ、子どもたち（特に臨界期前）は学校で学習している日本語が第1言語となってしまうので、親との意志の疎通もできなくなってしまう。最近は、フィリピン・中国・ロシア等から呼び寄せられた子どもの就学も問題となっている。

（3） 父母の日本での就職により

① 平成2年の入管法の改正により日系南米人が増加した。就職の関係で集住する傾向にある。ブラジル（ポルトガル語）、ペルー（スペイン語）

② イスラム圏からの子どもたちは生活習慣等が違うので、とまどうことが多い。

（4） 中国・ロシア等からの帰国者の家族として

第二次世界大戦の混乱で取り残された本人やその家族（2世・3世）で、日本生まれの子どもたちもいる。母語が多様な中国語（地方語）だったり、学習経験がなかったりする場合もある。

（5） 難民として

昭和54年に難民受入が開始され、ベトナム・ラオス・カンボジア等から家族で来日した。定住促進センターでの生活を経て、保護者はそれぞれ自立した生活を送っている。来日後、子どもが日本で生まれたり、子ども等を日本に呼び寄せたりするケースも見られる。

2、保護者の学校生活に対する意識の違い等から生ずる問題について、知っておきましょう。

（1）不就学の問題

保護者は、言葉の問題や日本の習慣等に不慣れなままに子どもを入学させることに対する不安や日本の学校では母語や母国で行われている学習ができないことに対する諦めの気持ちをもっている。また、保護者の中には、子どもに対する初等・中等教育の重要性についての親としての認識があまりなく、子どもは働き手として考えている場合もある。

就労のために来日した場合は社会基盤が不安定で、不景気になると解雇されたり、転職を余儀なくされたりする場合もある。また、日本の生活になじめず転居を繰り返したり、離婚

したり、突然帰国してしまったりすることもある。さらに、多くの収入を得るために長時間労働をするため、子どもの面倒をみられない状態の家庭もある。そのため、残念ながら非行に走ったり、ひきこもりになってしまったりする子どもも見られる。そして、来日時は、何年か働いたら帰国する予定だったが、思うように収入が得られず、子どもたちの学校の関係等で帰国予定がずるずると延びてしまっている例も多い。

(2) 母国との生活習慣等の違いによる問題

例えば、雨の日に子どもが学校に来ていないので、電話連絡をすると、「母国では雨が降ったら学校は休みだった」とか、欠席理由が「弟や妹の世話をするため」であったりする。遠足のお弁当等も日本と違って「パンにジャムをぬったものだけ」等をもたせることもある。また、「よくできたね」と言って、頭をなでてほめたら、「頭は神聖なものなので、さわらないで」と言われることがある。編入してきた子どもの母国の生活習慣等、予め調べておき、日本の方法について説明し、理解してもらうようにする。

(3) 日本に対するイメージ

日本は、物質的には豊かで、電気製品から食料品等、欲しいものを手に入れることができる。しかし、心の面では問題が多いと感じている保護者が多い。「日本の学校に行くといじめられる」とか「日本は自殺する人が多い」ということが、海外でのうわさになっているらしく、相談機関にも相談が寄せられている。例えば、「以前、知り合いの人の子どもが公立の学校に行ったら、髪の毛の色が違うのでからかわれたから、インターナショナルスクールに入れたほうがいいですか？」とか、「日本の学校に行くと、日本語がわからないとばかにされると聞いたが大丈夫ですか？」等々である。外国からの子どもの編入が少なかった頃は、なかなか受入れにくかった面も見られたが、多くの学校が受入れるようになってきているので、さらに受入れ体制を整備して、「もちろん、大丈夫です。いっしょに学習しましょう。」と言えるようにしたい。

Q2．現状と問題点

　文部科学省の調査によると、日本語指導が必要な外国人児童生徒は、平成20年9月1日現在で28,575人で、調査開始以来最も多い数となった。内訳は小学校19,504人、中学校7,576人、高等学校1,365人、中等教育学校32人、特別支援学校98人である。

　その約半数は在籍数が1人の学校で、在籍数が5人未満の学校は約8割を占めている。反面、30人以上在籍している学校が136校あり集住地域と分散地域に分かれている。

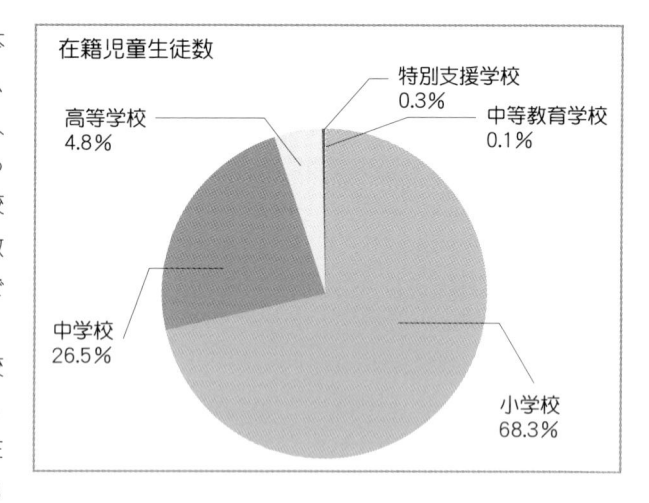

　母語別在籍状況は、ポルトガル語が最も多く、全体の4割を占めている。また、ポルトガル語、中国語及びスペイン語で全体の7割以上、続いてフィリピノ語、韓国・朝鮮語、ベトナム語、英語の順となっている。

　また、日本国籍を有する日本語指導が必要な児童生徒も4,895人と増えてきた。

　以上は、学校に行っている外国人児童生徒の数で、未就学や不就学者数は把握できてなく、実際の人数は相当数になると思われる。

1、外国人児童生徒が抱えている問題を知りましょう。

（1）日本の学校制度・学校生活が母国と違うため、どうしてよいかわからない。
　→ 文部科学省作成の「就学ガイドブック（7カ国語訳）」、千葉県教育委員会作成のＤＶＤ「ようこそ　ちばの学校へ」「母国の教育事情」を参考にして、できるだけ早い時期に説明をする。また、在籍校の年間行事や校則（きまり）も知らせ、関心をもたせるとよい。

（2）親の都合で日本に連れてこられたという意識があり、学習意欲が見られない。
　→ 親は仕事が忙しくかまってもらえない、日本語ができないということで自信を失ってしまうこともあるので、日本の生活のよさや日本語がわかるとこんなこともできるということを知らせ、できたことをほめ、プラス思考で取り組ませていく。

（3）日本の生活（学校）になじめず、日本語もわからないため、不適応（荒れる）や過剰適応（頑張りすぎ、母語喪失）を起こしてしまう。
　→ 徐々に日本の生活に慣れていくように励ましたり、ダブルリミテッド（両方の言語運用能力が育っていない）の状態に陥ってしまうことがないように、発達年齢（言語習得年齢）

に合わせた指導法を工夫したりする。また、自信をもって取り組むことのできるものを探したり、グループ活動を通して活躍の場を設けたりするのもよい。

（4）授業についていけない等の理由で、不登校になったり、退学してしまったりする。
　→　不登校や退学を機に非行・犯罪へと道を踏み外してしまう場合もある。神奈川県横須賀市にある久里浜少年院国際科に収容されている外国人青少年たち（ブラジル人が多い）は、日本語の理解力が低く、日本での生活になじめず中学校をドロップアウトした結果、非行に走ったものが多く更正を目指している。この少年院では、更正プログラムとして初級の日本語指導及び日本での生活に適応するための教育が行われている。

（5）経済問題、就学情報が届かない、弟妹の世話、アルバイト、ひきこもり等の理由で不就学になってしまう。
　→　日本の小中学校に通うことは義務教育ではないが、子どもは教育を受ける権利をもち、日本人の子どもたちと同様に受入れているので、外国人登録の際や地域で不就学をなくすよう働きかける必要がある。

（6）日常会話はできても、学習についていけない。
　→　母語のわかる補助者にお願いして学習に必要な日本語を母語に訳したり、日本語でかみくだいて説明したりする。母語訳のついた資料や電子辞書を活用し、母語を使ってわからないところをチェックし、自分で質問できるように支援する。ＪＳＬカリキュラムも活用する。

（7）日本語力不足のため、進学・就職が難しい。
　→　外国人児童生徒は、母語と母国文化を身につけ、さらに、日本語や教科の学習に取り組んでいるが、進学や就職はなかなか難しい面がある。受入の際、今後の見通しを聞き、できるだけ準備をしておくようにする。

（8）母語を忘れてしまい、親子のコミュニケーションがうまくとれない。
　→　特に臨界期前（10歳前後）に来日した児童は、日本語が第1言語となってしまうので、定住・帰国予定等の見通しをもって、母語保持・伸長を図る必要がある。親は仕事が忙しく、日本語を学ぶ機会がもてないことが多いので、親の日本語通訳として子どもが借り出される場合も見られ、残念なことに日本語がよく話せない親をばかにするという状況も報告されている。保護者が継承語としての母語をどう子どもに伝えていくかも課題となっている。

（9）どう、アイデンティティーをもったらよいか。
　→　母国を離れ、日本で生活し、日本の文化・日本語に触れていくうちに、自分は今後、どこの国の人間として生きていくか、保護者とも話し合っていく必要がある。

Q3．受入手順・体制作り

1、学校に転編入する前の手続きや書類等について、確認しましょう。

（1）役所（市民課等）外国人登録（外国人の住民登録）

　外国人が90日を超えて日本に滞在する場合に必要で、16歳以上は本人、16歳未満は父または母が手続きをする。用意するものは、パスポートと写真2枚で、登録すると「外国人登録証」が交付される。また、外国人には住民票の写しはないので、外国人の居住証明として、外国人登録現票記載事項証明書を交付している。その際、子どもについて日本の学校への入学を希望する意志がある場合は、教育委員会に案内される。外国人児童生徒については、日本の義務教育への就学義務は課せられていないが、「経済的、社会的及び文化的権利に関する国際規約（国際人権規約）」「児童の権利に関する条約（子どもの権利条約）」に基づき、入学を希望する者については、公立の義務教育諸学校への受入が保障されている。そして、①義務教育の無償、②教科書の無償給与、③就学援助等も日本人の子どもと同様に扱われる。

（2）教育委員会（学務課等）

　「外国人児童生徒入学申請書」又は「就学案内」（新入生のみ）が渡されるので、必要事項を記入して提出すると「外国人児童生徒入学許可書」を受け取ることができる。

　外国籍の新一年生児童のいる家庭には、教育委員会から9月上旬に「小学校入学予定児童就学申請書」が郵送されるので、公立の小学校への就学を希望する場合は9月下旬までに返送して手続きをしなければならない。

　また、どの学年に編入させるかについは、通常は年齢に応じた学年へ編入させることが原則となっている。市町村教委によっては、日本語力が不足しているので、1年下げて編入させているところも見られる。

【資料1】　経済的、社会的及び文化的権利に関する国際規約（国際人権規約）

　日本での外国人の子どもに対する教育の権利として、1979年に批准している。
　　（A規約）
　　　第一三条
　　　教育についてすべての者の権利を認める。

【資料2】　児童の権利に関する条約（子どもの権利条約）

　「児童の権利に関する条約（子どもの権利条約）」は、子どもの基本的人権を国際的に保障するために定められた条約で、18歳未満を「児童（子ども）」と定義し、国際人権規約（第21回国連総会で採択・1976年発効）が定める基本的人権をその生存、成長、発達の過程で特別な保護と援助を必要とする子どもの視点から詳説している。1989年の第44回国連総会において採択され、1990年に発効し、日本は1994年に批准した。

この条約には、4つの柱が示されている。
① 生きる権利……子どもたちは健康に生まれ、安全な水や十分な栄養、健やかに成長する権利をもっている。
② 守られる権利……子どもたちは、あらゆる種類の差別や虐待、搾取から守られなければならない。紛争下の子ども、障害をもつ子ども、少数民族の子ども等は特別に守られる権利をもっている。
③ 育つ権利……子どもたちは教育を受ける権利を持っている。また、休んだり、遊んだりすること、様々な情報を得、自分の考えや信じることが守られることも、自分らしく成長するためにとても重要である。
④ 参加する権利……子どもたちは、自分に関係のある事柄について自由に意見を表したり、集まってグループを作ったり、活動することができる。そのときには、家族や地域社会の一員としてルールを守って行動する義務がある。

第二条
1. 締約国は、その管轄の下にある児童に対し、児童又はその父母若しくは法定保護者の人種、皮膚の色、性、言語、宗教、政治的意見その他の意見、国民的、種族的若しくは社会的出身、財産、心身障害、出生又は他の地位にかかわらず、いかなる差別もなしにこの条約に定める権利を尊重し、及び確保する。（以下省略）

第二八条
1. 締結国は、教育についての児童の権利を認めるものとし、この権利を漸進的にかつ機会の平等を基礎として達成するため、特に
（a）初等教育を義務的なものとし、すべての者に対して無償のものとする。
（以下省略）

【資料3】　外国人児童生徒等の教育に関する行政評価・監視結果に基づく通知（要旨）
　　　　　－公立の義務教育諸学校への受入推進を中心として－

通知日　平成15年8月7日　　総務省行政評価局

1．主な通知事項
（1）就学案内等の徹底
・要旨……英語や外国人登録の多い国籍（出身地）の者が日常生活で使用する言語による就学案内の例文を就学ガイドブック等に掲載し、都道府県教委及び市町村教委に提供するとともに県教委に対し、市教委に次の措置を講ずるよう助言すること。
① 中学校新入学相当年齢の外国人児童生徒の保護者に対し、就学案内のきめ細かな発給を行うこと。
② 就学案内については、外国人の居住状況等を踏まえつつ、英語や外国人登録の多い国籍（出身地）の者が日常生活で使用する言語によるものも作成し発給すること。
③ 学齢相当の外国人児童生徒が転入した場合には、外国人登録窓口に対し、市町村教委の編入学手続きを教示するよう要請し、その保護者に対する編入学の案内を積極的に行うこと。

（2）就学援助制度の周知の明確化
- 要旨……英語や外国人登録の多い国籍（出身地）の者が日常生活で使用する言語による就学援助制度の案内を就学ガイドブック等に掲載し、都道府県教委及び市町村教委に提供するとともに、県教委に対し、市教委に次の措置を講じるよう助言すること。
① 就学援助制度の周知については、新入学相当年齢の外国人児童生徒及び学齢相当の外国人児童生徒の保護者が入学を決定する前の適時に行うこと。
② 就学援助制度を説明する資料作成に当たっては、外国人の居住状況等も踏まえつつ、英語や外国人登録の多い国籍（出身地）の者が日常生活で使用する言語を用いることも配慮すること。

（3）日本語指導体制が整備された学校への受入推進
- 要旨……外国人児童生徒の居住地の通学区域内に日本語指導体制が整備されている学校がない場合には、地域の実情に応じ、通学区域外でかつ通学が可能な日本語指導体制が整備されている学校への通学を認めることについて、市町村教委に対して周知すること。

２、転編入時の面接で正確な状況把握をしましょう。

　教育委員会から外国人児童生徒の転編入の連絡を受けたら、母語訳付の「就学ガイド」や「入学のしおり」、当面必要な持ち物の実物等を用意する。そして、必要であれば、通訳の手配をしたり、対訳集等もそろえておいたりするとよい。緊張をほぐすために、母語の挨拶を調べておいて、話しかけるようにするとよい。

＜面接の際、聞いておきたい基本項目＞
- 児童氏名（通称名）学校ではどう呼ぶか　・生年月日　・保護者氏名（通称名）
- 家族構成　・住所　・電話番号　・緊急連絡先　・通訳ができる親戚や友人の連絡先出身国
- 国籍　・母語　・来日年月日　・来日目的　・予定滞在期間　・日本語力就学歴
- 健康状況　・アレルギーの有無　・通学経路

＜面接の際に説明しておきたいこと＞
- 学校概要
- 持ち物（教科書・上履き・体操服・防災頭巾・連絡帳・筆記用具等）の実物を見せて説明する。購入することのできる商店への簡単な地図やおおよその価格を書いたものも用意するとよい。持って来てはいけないもの（スナック等のお菓子等）
- 学校のスケジュール（登下校の時刻・学校行事）
- 給食費や共同購入費等の納入方法（銀行振り込みの案内）
- 就学援助、学童ルームの案内　・欠席の連絡の必要性と方法

【資料4】 外国人児童生徒個人カード

　　　　　　　　　　　　　　　　　　　平成　　年　　月　　日　　記入者（　　　　）

フリガナ			性	生年月日		年齢	児童区分	
児童名			男	平成　年　月　日			中国帰国児童生徒	
通称名			女	（西暦　　年）		歳	外国人児童生徒	
国籍		使用言語			来日目的	永住・一時滞在		
出身国		来日	年　月　日		編入・転入	年　月　日		
日本の学年		現地での在籍校・学年				校　　　学年		
日本語能力	聞く 話す	1. 全くわからない 2. 挨拶ができる 3. 簡単な指示ができる 4. 簡単な会話ができる 5. 会話は十分できる			読む 書く	1. 読み書きができない 2. かなが読める 3. 簡単な漢字が読める 4. ひらがなが書ける 5. 簡単な漢字が書ける		
出身国での 教育環境 就学歴等					健康 状況			
日常生活上 の問題点等								

フリガナ			続柄		職業		
保護者名			国籍		ビザの種類		
通称名			使用言語		日本語	可・不可	
住　所				Tel			
緊急連絡先				Tel			
家族構成							
					（日本語のできる人に○）		

フリガナ			続柄		使用言語		
引取人名			国籍		日本語	可・不可	
住所				Tel			
備考							

受入・適応

3、学校全体で受入体制作りをしましょう。

＜学校全体として＞
（1）外国人児童生徒受入及び指導についての共通理解の場を設定する。
　　　・職員会議　・生徒指導委員会　・たより　・校内研修

＜管理職として＞
（1）外国人児童生徒に対する意識改革を促す。
　　「外国人児童生徒を日本の学校に合わせる」→「外国人児童生徒と共に生きる」
（2）教育委員会に日本語指導者の派遣を申請する。
（3）ボランティア等の協力者を探す。

＜学級担任として＞
（1）学習用語等の母語訳を用意する。
　　「にほんごをまなぼう」の教師用指導書、言葉の手引き（千葉県教育庁）等を参考にする。
（2）学級の子どもたちと一緒に母国や母語について調べ、母語と日本語の挨拶で迎える。
（3）日本語が話せない友達にどう接したらよいか考え、準備をする。
　　日本語が話せないことは「ハンディ」ではなく、母語にプラスして日本語をこれから覚えていくのだということを話す。子どもたちはいろいろな方法を考えてコミュニケーションを図ろうとする。例えば、①身振り・手振り、②実物や絵を見せる、③対訳の部分を指す等。
（4）個別に説明するときは、実物や絵等を使って、ゆっくり・はっきりと話す。
（5）日本語指導者と連絡を取り合い、日本語教室等での指導や付き添いとしてのＴＴの指導の日程や内容の調整をする。
（6）家庭への連絡は、漢字に振り仮名をふったり、対訳集の必要部分コピーして渡したり、通訳ボランティアにお願いしたりする。

＜日本語指導担当（国際理解担当）として＞
（1）担任と一緒に児童生徒の適応や日本語能力を把握し、指導カリキュラムを組む。
　　・指導計画作成（日本語教室等での指導・付き添い指導・放課後指導等）
　　・外部からの日本語指導協力員やボランティアの要請のための判断
（2）日本語指導教材の準備。
　　・日本語教室等での指導用教材
　　・在籍学級の授業中に行うその児童生徒に合った教材
（3）担任や保護者と定期的に情報交換をする。
　　・連絡ノート（日本語の授業や気付いたこと）の活用
　　・地域のボランティアによる日本語教室や学童保育の紹介
（4）日本語指導以外の授業や学校生活全般に渡って、児童生徒の情報を収集し対処する。
　　・授業への意欲及び理解　・友達関係　・保健関係　・給食　・学校行事への参加等

【資料5】 母国の教育事情 千葉県教育委員会・外国人児童生徒受入体制整備研究会作成

外国からの子どもたちを指導していく上で、今まで母国でどのように生活していたか、どのような教育を受けていたかを知らなかったために、十分に指導できなかったり、不適応を起こしてしまったりした例がある。この資料は受入・適応・日本語指導、そして、国際理解教育に活用することができる。国別に千葉県教育委員会のホームページからダウンロードすることができる。

現在の掲載国は、45ヵ国。（国名は2008年11月20現在　アイウエオ順）

（1）アイルランド
（2）アフガニスタン・イスラム共和国
（3）アメリカ合衆国
（4）アルゼンチン共和国
（5）イタリア共和国
（6）イラン・イスラム共和国
（7）インド
（8）インドネシア共和国
（9）ウガンダ共和国
（10）ウクライナ
（11）オーストラリア連邦
（12）オランダ王国
（13）ガーナ共和国
（14）カナダ
（15）カンボジア王国
（16）グレートブリテン及び北部アイランド連合王国
（17）コスタリカ共和国
（18）コロンビア共和国
（19）サウジアラビア王国
（20）シンガポール共和国
（21）スイス連邦
（22）スウェーデン王国
（23）スペイン
（24）スリランカ民主社会主義共和国
（25）タイ王国
（26）大韓民国
（27）チリ共和国
（28）ドイツ連邦共和国
（29）ナイジェリア連邦共和国
（30）ネパール連邦共和国
（31）パキスタン・イスラム共和国
（32）バングラディシュ人民共和国
（33）フィリピン共和国
（34）ブラジル連邦共和国
（35）フランス共和国
（36）ベトナム社会主義共和国
（37）ペルー共和国
（38）ベルギー共和国
（39）ポーランド共和国
（40）ボリビア共和国
（41）マレーシア
（42）南アフリカ共和国
（43）メキシコ合衆国
（44）ラオス人民共和国
（45）ルーマニア

<例>

タイ王国		首都	バンコク
(国旗画像) トン・トライロングと呼ばれ、赤・白・青の3色の横縞で、中央の青の幅が赤と白の2倍になっている。白は国のシンボルの白象の代わりで宗教、赤は国家及び国民の団結心、青は王室の色である。 独立：13世紀 スコータイ王朝成立 国連加盟：1946/12/16 政体：立憲君主制	国の概要	国土	面積　51万3,000㎢（日本の1.4倍） インドシナ半島の中央部に位置する。メナム川が南北に貫流し、流域は広大な沖積平野を形成する。北部は山地といくつかの山間盆地、西部はミャンマーとの国境山脈、東部はコラートとよばれる低平な高原、南部はシャム湾とインド洋に面するマレー半島である。
		人口	6,420万人
		言語	タイ語（公用語）
		通貨	バーツ
		気候	全体としては熱帯モンスーン気候で、半島部は熱帯雨林気候、雨季は南西モンスーンの6～10月、乾季は北東モンスーンの11～2月、3～5月は暑熱となる。
		民族	タイ族 80%、中国系（華僑）6%、マレー人 4% インド系、ベトナム系
		宗教	仏教 95%、イスラム教 4%、キリスト教

教育制度の概要	学校体系	・初等教育機関として、初等学校（小学校に相当、6年間）、中等教育機関として、前期中等学校（中学校に相当、3年間）及び後期中等学校（高等学校に相当、3年間）がある。 ・高等教育機関として大学（4年間）が設置されている。 ・中・高校は併設がほとんどである。
	義務教育	・タイ国民は法律の規定によりその子女に基礎教育を受けさせる義務を負うこととされている。 ・義務教育は満6～15歳までの9年間である。初等学校は満6～満11歳まで、前期中等学校は満12～15歳までである。 ・国立学校は無償、私立学校は有償である。 ・貧富の差が大きく、農村部と都市部では就学率が大きく異なっている。教育環境にも差がある。
	日本と比較した教育課程上の特徴	・学校年度は5月17日から翌年3月1日までとなっており、2学期制を採っている。 ・1学期は5月17日から10月1日まで、2学期は11月1

		日から翌年の3月1日までとなっている。 ・教育課程は、教育省が定める学習指導要領に基づき、各地方基礎教育区及び各学校において編成するようになっている。 ・午前8時に始まり、午後4時30分までで、昼休みは50分～1時間、授業と授業の間に10分の休憩がある。授業の1単位時間は45～60分である。
	義務教育後の教育	・2000年現在、前期中等学校進学率は82.8%、後期中等学校（高校）進学率は57.4%である。大学に進学する生徒が増えてきている。 ・前期中等学校への進学率は高いとはいえない。前期中等学校の教育課程を修了した生徒の多くは、職業に就くかあるいは職業訓練教育機関で一定期間職業訓練を受けた後に就職する。 ・生涯教育として、1～4年生レベルの読み書きと職業技術訓練や社会に貢献するための特別訓練プログラムが提供されている。
	就学前教育	・就学前教育機関として幼稚園が置かれており、就園率は87.7%である。 ・幼稚園からタイ語を勉強する。 ・共働き家庭では、保育園が利用されている。 ・都市部には、インターナショナルスクール（幼稚園）がある。
	その他	・学校設置者は、原則として国又は公益法人等の民間団体であることから、設置者別の学校は、国立学校又は私立学校の2種類である。 ・都市部の富裕層が通う学校は、小学校1年から英語を導入し、学校施設も日本より豪華で立派である。先進国の文化を積極的に取り入れる学習があり、日本文化も大きく導入されている。
学校生活	休業期間	・2学期制をとっているので、10月が休みになり、2学期は11月上旬から3月中旬までなので、4月から5月上旬までが学期休み（夏休み）になる。
	学級担任制、 教科担任制等	・小学校から高校まで、学級担任が1人か2人いる。科目ごとに教科担任がいる場合もある。 ・英語はネイティブの先生が担当している学校もある。

受入・適応

	飛び級、落第の有無	・授業の出席率が80％に満たない場合は、定期学力考査を受けることができないとされている。落第はまだあるが、極めて少ない。 ・飛び級は昔あったが、今はほとんどない。
	教育内容の差異	・仏教の授業がある。 ・私立では、幼稚園から英語を学んでいるが、公立では、小学校1年生または5年生より始まる。
	学校行事の特徴	・仏教節には、大きな祭事行事がある。
	給食	・初等中等教育段階の学校には食堂があり、給食が採用されている。昼食を持参したり、購入したりすることもできる。 ・授業中以外ならいつ食べてもよい。学食販売時間が決まっている。基本的には昼休みと放課後である。 ・午後のショート休憩に牛乳が配られる小学校もある。
	チャイムや号令	・授業の始まる時間と終わる時間に鳴らされる。
	教室における行動様式等の違い	・教室内では、飲食が一切禁止されている。 ・その時間の授業に関係のない話をしたり、他の授業の宿題をしたりしてはいけない。 ・先生が教室に出入りする際、生徒は、皆一斉に挨拶をする。 ・お客様とすれ違うときは、両手を合わせて挨拶をする。
	校則	・教員から児童生徒に対し、授業の一環としての自宅における学習（宿題）が課せられる。 ・男女の別に制服（幼稚園から大学まで）が定められている。日本と同様に、学校によって色や形が違う。色は男子は茶・紺・黒、女子は紺・紫・黒などである。大学生は黒だけである。一般的には、上着は白いシャツで、下は男子がショーツ、女子はスカートである。色はほとんどの学校は黒だが、キリスト教の学校は紺である。大学は男子がショーツからズボンになる。 ・高校まではアクセサリーは禁止されている。学校によっては女子学生は金の玉状のシンプルなピアスのみ許されているところがある。 ・髪形も決められている。 ・IDカードを使って、いつ、誰が校舎を出たかがわかるようにしている学校もある。

	保護者の授業参観、保護者会、PTA	・保護者会が1学期に2回ある。
	子どもの一日	・5～7時位に起床し、16時位まで学校で過ごした後、塾に行ったり、学内の特別授業を受けたり、好きなスポーツをしたりする。それから、家に帰って、宿題、テレビ、パソコンなどをする。
生活習慣等	言葉の指導面の留意事項	・タイ文字は、13世紀に作られ、現在では42の子音文字と32の母音文字があり、組み合わせて音が作られる。普段使っているタイ語は丁寧語と普通語があり、敬体のようなものもあるが、王様やえらいお坊さんに限定されている。 ・話す相手によって言葉遣いが異なるので、注意が必要である。 ・日本語の学習では、清音と濁音の区別がつかない、「ツ」と「ス」と「チュ」の区別がつかない、「シ」と「チ」の区別がつかないことがある。
	宗教上の忌避事項	特にない。
	指による数え方 計算方法等の違い	・指による数え方は決まっていない。親指から数える人もいれば、人差し指から数える人もいる。一般的には、両手で10まで数えられる。 ・おつりは、全部そろえてから、一度に渡す。
	食生活	・米が主食である。おかずの種類が豊富で、代表的な料理は「トム・ヤム・クン」というえびのすっぱくて辛いスープである。タイ料理は辛いイメージがあるが、辛くない料理もあり、野菜炒め、肉類の炒め物、クリアスープなどがある。 ・朝食と夕食は家で食べるが、昼食は外で食べることが多い。日本のように弁当を作って学校や職場に持っていくことはほとんどない。 ・屋台があちこちに存在するので、食事の時間（3回）には、道路沿いに人があふれる。 ・ドリアン、マンゴー、ソムオー、ライチなどのフルーツをよく食べる。
	衣服住居の違い	・一年中、ほとんど半そでで、乾季にだけ、上着が必要になる。
	交通規則の違い	・日本とほとんど同じである。

		・「世界一の交通渋滞都市」といわれるバンコク市内の交通渋滞は凄まじく、バス、タクシー、トゥクトゥク、バイタク、自転車、地下鉄などの交通機関がある。
	その他	・名前を呼ぶときは名字では呼ばず、名前で呼ぶ。 ・自分の生まれた曜日によって、お釈迦様があり、自分の生まれた曜日にお釈迦様にお祈りをする。お寺に行くと、7つのお釈迦様が見られる。 ・正式の年号は西暦ではなく、「仏暦」を採用している。西暦を仏暦に変える方法は、西暦に543年を加えるだけで、例えば、西暦2008年は仏暦2551年となり、略して51年とよぶ場合もある。日付の書き方は、日本とは逆で、「日月年」と書く。 ・男性は一生に一度は仏門に入る慣習がある。10歳前後の少年僧が托鉢をして歩く行列を見かけることがある。 ・山岳部には、いろいろな少数民族が住んでいる。少数民族だけの学校もあり、小学校から帰宅すると飼っている豚の世話をしたり、畑仕事を手伝ったりしている。 ・じゃんけんは「パオ イン チュプ」といい、日本と同じようにハンマー（コーン）とはさみ（ガンガライ）と紙（グラダード）で勝負する。ハンマーははさみに勝って、はさみは紙に勝って、紙はハンマーに勝つ。掛け声は「ヤン イン ヤオ パカ パオ イン チュップ」である。 ・日本に対する関心が高く、音楽（Jポップ）、アニメ、特に漫画は人気が高い。

＜参考資料＞
- 世界の国々　……………………………………………………………外務省
- 世界の学校を見てみよう！（キッズ外務省）　………………………外務省
- 諸外国の学校情報　……………………………………………………外務省
- 世界の国々　……………………………………………………………アトラス
- ジュニア世界の国旗図鑑　……………………………………………平凡社
- 在京タイ王国大使館ホームページ　…………………………………タイ王国大使館
- 世界の国・地域の紹介　………………………………………………SIRAキッズ
- タイの子供たちの学校・家庭・くらし（ハローワールド）　…………学研
- おもしろジャンケン　……………………………………………日本アセアンセンター
- 日本語指導教材の開発　………………………………………………井上惠子
- 日本人学校勤務経験教員より（2名）　　・留学生より

【資料６】　日本語教室連絡カード

	日（月）	日（火）	日（水）	日（木）	日（金）	日（土）
1						
2						
3						
4						
5						
6・放						
日本語教室						
学級担任						

（　　）月　　　　　　　　　　　　　年　組（　　　　　　）
学級担任（　　　　　　）　　　　　日本語教室（　　　　　　）

受入・適応

Q4. 生活適応

1、日本の生活に合わせる（同化）ではなく、違いに気づかせ、徐々に日本の方法も教えていきましょう。

（1）日課時程
　　母国では、午前・午後の2部制、午前・午後・夜間の3部制のところもあるので、登下校の時間や日課表について時計を見せながら説明する。
（2）掃除
　　「自分たちの使ったところは自分たちで掃除をする」というのは儒教の考えである。やらされたという気持ちにならないようにする。
（3）給食
　　アレルギーがあるかどうかチェックをする。日本独特の食品や挨拶についても話す。
（4）持ち物
　　学校で必要な物、持って来てはいけない物について説明する。
（5）発育測定
　　宗教上、人前で上半身裸になれない場合もあるので、対応を考える。
（6）学校行事
　　運動会等の行事への参加や国際理解集会でのスピーチ等配慮する。

2、母国との文化・生活習慣の違いを知り、配慮しましょう。

（1）表情・しぐさ
　・笑顔で話しかける → にやにやしていて、気持ちが悪い。
　・相手の顔をじっと見て話す → にらんでいるようで怖い。
　・「こっちに来て」という手まねきの仕方の違い → 「あっちに行け」と嫌われた。
　・よくできたという意味で「頭をなでる」→ 東南アジアでは頭はその人の精霊が宿るところなので、触られたくない。
　・親指と人差し指で〇を作ったOKサイン → ブラジル等では下品な意味になる。
（2）保健
　・お風呂に頻繁に入る習慣がない → 頭じらみの発生、臭い。
　・ティッシュを使わないで、ハンカチで鼻をかむ → 何回も使うので不潔に思う。
（3）宗教
　・豚肉を食べない　・人前で肌を出さない　・1日に何回も礼拝する
　・スカーフ（イスラム）・日曜日には教会に行く（カトリック）
（4）アルバイト
　・母国では生徒でもアルバイトをしていることが多い。家族の働き手となっている。

Q5．進学・就職

1、児童生徒の進路に合わせて、カリキュラムを組みましょう。

（1）保護者に日本の学校制度や進路について説明する。
- 保護者と本人の希望、取得できる資格、費用
- 日本公立・私立学校以外の選択も可能
（母国の学校、日本にある外国人学校、インターナショナルスクール、外国の学校等）
- 特別入試枠等の情報
（ボランティアネットワーク等が開催する「進学ガイダンス」等）

【資料7】　高校入試情報（例　千葉県）

〇「海外帰国子女の特別入学者選抜」
　昭和61年度から実施、平成21年度は、全日制の課程の公立高等学校20校、31学科で実施される。
（1）志願要件
　①　外国における在住期間が帰国時からさかのぼり継続して2年以上4年未満の者で、帰国後1年以内のもの
　②　外国における在住期間が帰国時からさかのぼり継続して4年以上の者で、帰国後2年以内のもの
（2）提出書類
　入学願書、調査書、海外在住状況説明書等
（3）検査の内容
　面接、作文が多い

〇「外国人の特別入学者選抜」
　平成4年度から実施　4校4学科
（1）志願要件
　保護者等とともに千葉県内に居住しているか又は居住予定のある外国籍の者等のうち、入国後の在日期間が3年以内のもの
（2）提出書類
　入学願書、調査書、外国人特別措置適用申請書等
（3）検査の内容

〇「中国等引揚者子女の特別入学者選抜」
　昭和63年度から実施
（1）志願要件
　保護者が中国等引揚者で、保護者とともに引き揚げ、千葉県内に居住しているか又は居住

予定のある者のうち帰国して3年以内のもの
　なお、中国等引揚者とは、昭和20年9月2日以前から引き続き中国等に居住していた者等で、その後永住の目的をもって帰国したものをいう
（2）提出書類
　入学願書、調査書、中国等引揚者子女特別措置適用申請書等
（3）検査の内容
　面接及び作文
○通信制の課程の入学者選抜
　平成18年度から千葉大宮高校（普通科）で実施
（1）志願要件
　通信制の課程の入学者選抜を実施する高等学校において、別に定める
（2）提出書類
　入学願書、調査書、志願理由書等
（3）検査の内容
　面接及び作文

【資料8】　就学義務猶予免除者等の中学校卒業程度認定試験
　文部科学省では、「中学校卒業程度認定試験」を年1回行っている。年齢が超過したために、日本の中学校に入れなかった人も、この試験に合格すれば、高校入試を受ける資格が与えられ、高校に進学することができる。
　また、日本の義務教育は9年だが、国によって義務教育年数が違う。出身地等で、合計して9年間就業している場合は、その証明書を用意すれば、個別判断により、試験が免除される場合がある。
（1）試験期日　11月頃　　（2）試験場　各都道府県
（3）試験科目　国語、社会、数学、理科、外国語（英語）
　　試験は全て日本語で行われる

【資料9】　夜間中学校
　日本の中学校を卒業していない、満15歳を超えている人を対象にした「公立中学校」で全国に34校ある。（東京8、神奈川6、千葉1、大阪10、兵庫3、京都1、奈良3、広島2）
例）市川市立大洲中学校夜間学級
1．目的
　中学校の就学年齢を超え、中学校を卒業していない者のうち、中学校教育課程の卒業を希望する向学心の強い者に対して、夜間に中学校教育を行い、卒業資格を与えることを目的としている。
2．修業年限
　修業年限は3年で、転編入学の場合は残余の期間とする。
3．入学資格

次の各号に該当する者のうち市川市教育委員会が入学を認めたものとする。
（1）市川市の住民であることを原則とする。　（2）中学校を卒業していない。
（3）中学校就学義務年齢を越えている。　（4）中学校就学に支障がない。
（5）市川市に身元保証人がいる。
（6）市川市以外に居住する千葉県民で当該市町村教育長の副申がある。
4．教育課程等
　中学校学習指導要領に基づいて行う。
　年間200日を標準、午後5時30分～午後9時10分まで、1日50分×4教科書は無償給与、教材費自己負担、給食無し。

【資料10】　外国人学校（各種学校認可校）
　外国人学校の多くは、学校教育法上の「各種学校」として、学校側の申請に基づき、各都道府県知事が学校教育法に則り、設置許可をしている。各種学校として許可を受けると、各種の税制上の優遇措置、地方自治体からの廃校舎、余裕教室の無償貸与に係る特例、公共交通機関の判断による定期券の割引の措置を受け得ることができる。
（1）　朝鮮学校　69校（千葉県1校……千葉朝鮮初中級学校）
（2）　韓国学校　4校（3校は1条校）
（3）　中華学校　5校（中華人民共和国系2校、中華民国・台湾系3校）
　孫文の提唱により作られた華僑子女のための教育機関で、その後の歴史的経緯から、中華人民共和国系と中華民国（台湾）系の学校が存在する。最近は中国・台湾の経済成長に着目し、子弟を中華学校に通わせる日本人も増えている。
（4）　主として英語で授業　23校
（5）　その他のヨーロッパ語源による授業　4校
　※ブラジル人学校（平成18年4月13日現在）
　　ブラジル政府認可校・50校、無認可校・33校
　　★平成15年1月15日、ブラジル人学校卒も大学入学資格認可
　　但し条件付（1年の補習校での学習・18歳以上）
　＜問題点＞
　・経営不振（施設・教材・教具・職員への給料）←企業等からの資金援助
　・授業料が高い（1月5万円位）←教材開発提供
　※ペルー人学校　静岡県浜松市、群馬県伊勢崎市等

受入・適応

Q6．補助者との連携

1、ボランティアや地域の方々と連絡を取り合って支援しましょう。

（1）ボランティア

　日本語支援のボランティアとしては、通訳ボランティア、翻訳ボランティア、日本語ボランティア、学習支援ボランティアがある。それぞれ単独ではなく、兼ねる場合もあるが、どの立場で日本語支援をするのか、はっきりさせてから依頼するとよい。

① 通訳ボランティア

　外国人児童生徒・保護者との事務手続き、学校生活への適応のため、さまざまな場で、通訳として支援する。

　☆活動の場及び内容
- 市役所（外国人登録）
- 教育委員会（教育相談・就学ガイダンス・就学のための家庭訪問等）
- 学校（受入・学校からの連絡・日本語指導・個人面談等）
- 地域（教育相談・日本語教室等）

② 翻訳ボランティア

　外国人児童生徒・保護者がスムーズに日本での学校生活ができるように、必要書類等を翻訳する。

　☆活動の場及び内容
- 教育委員会（就学案内・証明書・保健関係の書類等）
- 学校（連絡文・学校からのお便り等）

③ 日本語ボランティア

　外国人児童生徒に日本語指導（支援）をする。（直接指導法・媒介語を使った指導法）

　☆活動の場及び内容
- 学校（日本語指導教室等での指導・付き添い指導・放課後指導・長期休業集中指導等）
- 地域（日本語指導教室等）

④ 学習支援ボランティア

　外国人児童生徒がスムーズに学校生活を送るための支援をする。

　☆活動の場及び内容
- 学校（教科書等に振り仮名をふる・練習問題を作る・練習問題の添削・学習内容をやさしい言葉に置き換えて説明する・読み聞かせ等）
- 地域（宿題等）

（2）地域の関係機関（育成委員会・補導センター・児童相談所・民生委員）

　特に、放課後や休日等の子どもたちの様子について、気がついたことがあったら、すぐに連絡してもらい、学校と協力して対応する。

【資料11】 補助者としての心得

○補助者として支援してもらうことになったら、下記のことを確認しておくとよい。

・・・学校支援補助者の皆さんへ・・・

　学校で、補助者は、先生と呼ばれて活動しますので、次のことに気をつけてくだるよう、お願いします。

（1）時間を守る。

　10分前位に学校に着き、事前打合せしてから支援する。学校では、危機管理のため、校内に入る人のチェックをしているので、着いたら、事務室に声をかける。

（2）名札・上履きを用意する。

　校内に入るときは、支援する児童生徒以外にもわかるように振り仮名のついた名札を用意する。学校の来客用スリッパを使用するのではなく、靴タイプの上履きも用意する。もし、支援中に地震・火事等の災害が起きたとき、近くにいる学校職員と一緒に避難することになるので、動きやすい靴が適している。

（3）依頼された事はきちんとする。

　事前にどんなことをどれだけやるかについて打合せ、責任をもってする。しかし、児童生徒の理解度に応じ、無理強いはしない。また、依頼された事以外については、自分の判断でしないようにする。例えば、他のクラスの授業参観・掃除等。

（4）学校の教育課程に合わせて、支援する。

　学校では、1年間の教育の計画（教育課程）を立てて、児童生徒を教育している。

　日課時程、時間割、教科等の指導カリキュラム、学校行事等についての概要を予め知り、担任教師等と相談して、児童生徒の支援をする。

（5）言葉遣いや支援方法に気をつける。

　補助者は児童生徒の友達ではないので、言葉遣いに気をつける。特に日本語学習の場合は、より正確な日本語を明瞭に話すように心がける。また、心を傷つけるような言葉や言い方等は厳に慎む。

（6）学校以外での支援については、予め、学校に連絡をし、その結果を報告する。

　例えば、個人面談の日程について、保護者に電話連絡し、その結果を学校に連絡してもらうことはいいのだが、学校を通さないで、補助者と保護者が電話連絡をしてしまうとトラブルになることがあるので、気をつけたい。

（7）支援中に知った児童生徒及び学校についての情報は他に知らせない。

　いくつかの学校で支援をしていると比較したり、補助者同士の集まり等で話題にしたりしがちだが、児童生徒の名前や母国・成績等の個人情報等については他に知らせない。

【資料12】　学校用語チェックリスト

_____学校

学校では、どのように言いますか？　言い方に〇をつけてください。
ほかの言い方のときは、あいているところに書いてください。

	言　い　方		
授業前の自習時間	(　) 朝自習	(　) チャレンジタイム	
授業前に行う会	(　) 朝の会		
1時間目と2時間目、3時間目と4時間目の間の休み	(　) 休み時間	(　) ショート	
2時間目と3時間目の間の休み	(　) 業間休み	(　) ロング	
給食後の休み	(　) 昼休み		
掃除の時間	(　) 掃除	(　) 清掃	
体育の上着	(　) 体操服	(　) 運動着	
体育のズボン	(　) ズボン	(　) ハーフパンツ	
給食当番の上着	(　) 白衣	(　) エプロン	(　) 割烹着
給食当番の帽子	(　) 帽子	(　) 三角巾	
室内で集会をしたり、運動したりするところ	(　) 体育館	(　) アリーナ	
校舎の外の庭	(　) 校庭	(　) 運動場	(　) グランド

※その他、学校独自の施設等の言い方を書いてください。

Q7. 資料（受入の手引・対訳等）

資料としては、文部科学省・教育委員会・国際交流団体で作成されている。児童生徒の実態に応じて活用するとよい。

【資料13】　外国人児童生徒のための指導資料リスト（ダウンロードできるもの）

（平成21年6月1日現在）

就学・受入・適応

	資料名	主な内容	対応言語	作成・発行
1	外国人児童生徒等受入のための手引（平成19年度）	外国人の子どもが快適な学校生活や社会生活を送れるよう支援（教育委員会編・学校編）		外国人児童生徒受入体制整備研究会　千葉県教育委員会
2	ようこそ　ちばの学校へ	日本の教育制度、就学案内、相談の窓口、市町村の窓口、学校の生活、就学ガイド	中国語、ポルトガル語、スペイン語、韓国・朝鮮語、タガログ語、英語、タイ語	外国人児童生徒受入体制整備研究会　千葉県教育委員会
3	外国からの子どもたちと共に（受入・適応及び日本語指導）	外国人児童生徒の受入・適応及び日本語指導についてQ&A形式でわかりやすく解説		外国人児童生徒受入体制整備研究会　研究員　井上惠子
4	外国からの子どもたちと共に（母国の教育事情）	外国人児童生徒の母国の概要・教育制度の概要・学校生活・生活習慣等を説明（45か国）		外国人児童生徒受入体制整備研究会
5	学校からのおたより（日本の学校制度の紹介）	外国人児童生徒の就学時に対応	英語、中国語、韓国・朝鮮語、スペイン語、ポルトガル語、タイ語	千葉県国際交流センター
6	外国人児童生徒のための就学ガイドブック	我が国の学校教育、就学手続き、学校生活、教育相談	英語、韓国・朝鮮語、ベトナム語、中国語、フィリピン語、ポルトガル語、スペイン語	文部科学省
7	外国人児童生徒のための就学ガイド	就学ガイドブックの概要版	英語、韓国・朝鮮語、ベトナム語、中国語、フィリピン語、ポルトガル語、スペイン語	文部科学省

			アラビア語、インドネシア語、ウルドゥー語、タイ語、ヒンディー語、ペルシャ語、ベンガル語、マレー語、ミャンマー語、モンゴル語、ラオス語、ロシア語	外国人児童生徒受入体制整備研究会 千葉県教育委員会
8	外国人児童生徒受入のてびき	受入、保護者との連携、日本語指導、適応指導及び教科指導		四日市市教育委員会
9	ようこそ、四日市市の学校へ	保護者へ、日本の学校学校生活	英語、ポルトガル語、中国語、スペイン語、タガログ語、タイ語	四日市市教育委員会
10	日本の学校はこんなところ	外国人保護者のための学校ガイダンス 日本の学校制度	ポルトガル語、スペイン語、中国語、韓国語、英語	三重県教育委員会
11	小学校入学のための説明	外国人幼児・保護者向け学校の教育制度、学校生活、保護者と関係の深い行事	ポルトガル語、スペイン語、英語	鈴鹿市教育委員会
12	ここから始まる学校生活	厚木の学校、通知関係資料、学校行事、集金、保健	タガログ語、中国語、韓国語、ラオス語、ポルトガル語、スペイン語、ベトナム語、英語、フランス語、カンボジア語、タイ語	厚木市教育委員会
13	スターターキット（多言語就学案内）	不就学を作らないために外国人登録窓口で就学年齢の子どもを持つ保護者に	ポルトガル語、スペイン語、中国語、英語、ルビ付き日本語	三重県国際交流財団
14	ようこそ学校へ（受け入れ手引書）	受入、文化のちがい 進路と学習		三重県国際交流財団
15	日本語理解が不十分な外国人児童生徒のために	指導の基本、受入、教育相談と進路指導、教育指導		子ども多文化共生センター（兵庫県教育委員会）

翻訳資料（学校行事・保健関係等）

	資料名	主な内容	対応言語	作成・発行
1	学校から家庭への連絡文	「にほんごをまなぼう」の指導書にある連絡文　登校、所属、学校で使うもの、昼食、集金、学校スケジュールの変更等、学校行事、保健等	インドネシア語、ウルドゥー語、シンハラ語、タイ語、フィリピノ語、ベトナム語、ペルシャ語、ベンガル語、モンゴル語、ロシア語	外国人児童生徒受入体制整備研究会
2	学校からのおたより	学校行事、保健関係、集金、緊急時の連絡等	英語、中国語、韓国・朝鮮語、スペイン語、ポルトガル語、中国語	千葉県国際交流センター
3	学校発文書集	保健関係、学校行事、PTA関係、その他	英語、スペイン語、ポルトガル語、中国語、韓国語、タイ語	船橋市教育委員会
4	帰国・渡日児童生徒学校生活サポート情報	こども向け（就学、就職、母語・日本語の学習）、保護者向け（就学・編入学、学校生活、就職）教員・サポーター向け	韓国・朝鮮語、ポルトガル語、中国語、ベトナム語、スペイン語	大阪府教育委員会
5	学校生活ガイド	学校案内、学校からの案内文・通知文、単語・会話集	英語、中国語、ポルトガル語、スペイン語、ベトナム語、韓国・朝鮮語	兵庫県教育委員会
6	外国人児童生徒関係書類	証明書、転出入、出席・欠席・出欠停止、就学援助、緊急時、学校生活、校納金、通知、保健等	ポルトガル語、スペイン語、英語、中国語、タガログ語	浜松市教育委員会
7	外国人児童生徒教育資料	保健関係、編転入時、帰国時、学校行事関係の案内、保健、進路	ポルトガル語、スペイン語、英語、中国語	豊橋市教育委員会
8	保護者への連絡文書例	受入、帰国手続き、行事など、成績、保健関係	ポルトガル語、スペイン語	三重県教育委員会
9	ようこそ可児市へ	学校行事、就学手続き、家庭環境調査票	ポルトガル語、英語、ピリピノ語	可児市教育委員会
10	翻訳文書	連絡案内文書、帰国時文書、通知表例、卒業証書・修了証書例、保健	スペイン語、ポルトガル語、中国語、英語	小牧市教育委員会
11	翻訳文書	学校行事、学校連絡、保健関係、帰国関係	ポルトガル語、スペイン語	岩倉市立岩倉東小学校
12	学校でよく使う用語集	先生・部屋・学年、教科・教材、委員・委員会・クラブ・行事、持物、学校の備品、お知らせ、病気・書類	英語、中国語、韓国語、スペイン語	Ｇｌｏｂａｌ　Ｃａｍｐａｓ　Ｎｅｔ，Ｏｓａｋａ（日本語ボランティア　あかり）

受入・適応

【資料14】学校の生活（ようこそちばの学校へ）外国人児童生徒受入体制整備研究会

　はじめて日本に来た児童生徒向けに学校の様子を紹介したＤＶＤで、台本の翻訳版は千葉県教育委員会のホームページよりダウンロードできる。翻訳版は英語・中国語・韓国語・ポルトガル語・スペイン語・タガログ語・タイ語である。

＜例＞中国語

-中文-	-日本語-
[开场]	【オープニング】
我叫罗伯特。 我爸爸是美国人。 我喜欢上体育课，因为能和大家一起运动。	ぼくの名前はロバートです。 お父さんはアメリカ人です。 僕は体育の授業が好きです。それは皆と運動したり出来るからです。
我叫江德晓媛。 我的妈妈和爸爸是台湾人。 我喜欢上的课是音乐课，特别喜欢和大家一起唱歌、合奏。	江德暁媛（エノリ　アキヒメ）です 私のお母さんとお父さんは台湾人です。 私の好きな授業は音楽です。みんなと一緒に歌ったり合奏することが大好きです。
大家好！ 我是胜田台小学的中岛优衣。	みなさん　こんにちは 勝田台小学校　中島　優衣です。
你们从遥远的外国来到日本， 衷心地欢迎你们到我们日本的学校插班上学。 这里和你们国家的风俗、习惯不同， 学校的教育制度、内容等也不太一样。 请观看这盘录像带，希望大家能对日本的学校情况有些了解。	はるばる遠くの外国から日本にこられ、 私たち　日本の学校に編入されることを　心から歓迎いたします。 みなさんの国と　風俗や習慣も違うでしょう。 学校の教育制度や内容にも違いがあることでしょう。 このビデオを観て　日本の学校のことが 少しでもわかっていただけたら　うれしいです。
[教育制度]	【教育制度】
在日本，满六岁就要进入学校上学。 小学的六年和中学的三年是义务教育。 四月份是新学期的开学，三月份结业。	日本の国は　満６歳になると学校に入学します。 小学校６カ年　中学校３カ年が義務教育です。 ４月に新年度が始まり、３月に修了します。
学期间有暑假、寒假和春假。 暑假是从七月下旬到八月末的四十天左右。 寒假是从十二月末到一月初的两个星期左右。 春假是从三月下旬到四月初的两个星期。	その間、夏休み、冬休み、春休みがあります。 夏休みは、７月下旬から８月いっぱいまで　の約４０日 冬休みは１２月から１月のはじめの２週間くらい。 春休みは３月下旬から４月のはじめの２週間の休みがあります。
而在两个学期制的学校里，也有放几天秋假的。	２期制をとっている学校の中には、数日の秋休みをとっている所もあります。

中文	日本語
日本的学校每星期六和星期日休息。 每天的活动按照课程表来进行。 九年义务教育的学费是无偿的。 学校进行的身体发育测定检查是免费的。 而教材费、午餐费和校外学习费用等，要收所需费用。 其它一些方面也会有所不同，会使大家感到困惑，而制作这盘录像带，就是为了尽量减少大家的担心。 请一边参照手头上的对译表，一边观看录像带。 [学校的一天] 下面就来介绍一下学校的一天生活。 我们学校是从八点钟开始上课的。 七点半到八点之间进校门。 通学路是上下学时从家里到学校走的一段路， 每天要和街坊的同学朋友一起，走规定好的同一条路来上下学。 要遵守交通规则，安全登校上课。 每个学校都有校门， 校门写有学校的名字， 每天要穿过校门上下学。 进入教室，要通过[升降口]。 在[升降口]处，有每个人放鞋的鞋柜。 在此处换好室内鞋，然后进入教室。 下面来看上下学时的服装。 戴上黄帽子，写有名字的名牌也别好在胸前。 学习用具放入双肩背书包内。 体操服放入另外的包里。 小学穿便装的比较多。 穿的鞋需是运动鞋，不能穿凉鞋上学。	日本の学校では、毎週土曜日と日曜日がお休みです。 １日の日課は時間割で決まっています。 ９カ年の義務教育の授業料は、無償です。 学校で行う発育測定は、無料です。 しかし、教材費、給食費、校外での学習費など、必要な実費は集金されます。 この他にも違うところがあって、とまどわれることもあるでしょう。 このビデオは、みなさんの心配を少しでもなくそうと考え、製作いたしました。 お手元の対訳表を参考にしながら、最後までごらんください。 【学校の１日】 それでは、学校の１日の生活を紹介しましょう。 わたしたちの学校は8時に始まります。 7時半〜8時までの間に登校します。 通学路は、登下校するときの　家から学校までの道です。 安全な道が、学校で決められています。 近所の友達と一緒に　決まった道を通って、登下校します。 交通ルールを守って安全に登校しましょう。 どの学校にも校門があります。 校門には、学校の名前が書いてあります。 毎日、ここを通って、登下校をします。 教室に入るときには「昇降口」を使います。 「昇降口」には、ひとりひとりに、靴入れがあります。 ここで、うわばきにはきかえて教室に入ります。 登下校の服装をみてみましょう。 黄色い帽子をかぶり、名札を付けます。 学習道具は、ランドセルに入れます。 体操服は、セカンドバッグにいれます。 小学校では、私服の学校が多いです。 靴は運動靴です。サンダルでは、通学しません。

受入・適応

中学穿校服的比较多。 每个学校都有各自规定的制服、扣子、徽章等， 请直接向学校问询。 — 准备学习 — — 交联络簿 — — 室外活动 — — 早自习：早读 — 看到老师，大家要一起整齐地问候。 晨会是确认今天一天的预定计划和进行健康观察。 大家一起唱歌，心情舒畅地迎接一天的开端。 老师和同学讲的话要仔细倾听。 以和蔼的老师为中心，周围很多热心的同学朋友会 与大家友好相处的。 [学习] 学习开始。大家要一起认真倾听老师的讲课。 有几个人一个小组一起学习，或一个人单独学习的 时候， 有时还会在图书室等找参考书来学习。 不同的科目，也会移动到特殊教室去上课， 比如音乐课、手工课、家庭课等等。 上课的课数、下课时间等根据星期和学年而有所不 同。 六年级的一天大致有五至六节课。 小学的一节课为四十五分钟。 小学的授课一般是以班主任老师为中心来进行指 导的。 而中学，不同的科目由任课老师来担任。 中学的一节课为五十分钟。 体育课是在校园、体育馆等地进行。 体育活动时，要换上易于运动的体操服。 跳箱、垫上、单杠等运动比较盛行。 [休息时间] 休息时间是用来做下一节课的准备，	中学校では、制服が多いようです。 各学校で決まった制服やボタン、バッジがありますので、 学校におたずねください。 ー学習の準備ー ー連絡帳の提出ー ー外遊びー ー朝自習：朝読書ー 先生がお見えになったら、みんなで揃って挨拶をします。 朝の会は、今日の予定の確認や健康観察をします。 みんなで歌を歌って、朝のスタートを気持ちよくします。 先生や友達の話をよく聞きます。 やさしい先生を中心に、親切な友達がたくさんいて、なかよく してくれることでしょう。 〔学習〕 学習がはじまります。先生の話をみんなでそろって聞きます。 数人でグループになることもあれば、一人で学習することもあ ります。 図書室などで参考書を探して学習するときもあります。 教科によっては、特別な教室に移動して学習することもありま す。 音楽、図工、家庭科などです。 授業時間数や下校時刻は、曜日や学年により異なります。 6年生では、1日だいたい5～6時限 1時限は、小学校は45分です。 小学校では、授業は担任の先生が中心になって指導します。 中学校では、教科ごとに先生が替わります。 中学校は、1時限50分です。 体育の時間は、校庭や体育館に行って学習します。 体育の学習は、動きやすい体操服に着替えます。 跳び箱、マット、鉄棒などの運動が盛んです。 〔休憩時間〕 休み時間は、次の学習準備をします。

和去厕所接手，	トイレもこの時間にすませます。
但是没有吃中间餐的时间。	しかし、スナックタイムはありません。
午休和课间比较长的休息时间，	昼休み・業間など 少し長い休み時間には、
是用来在校园里好好地玩耍。	校庭で元気よく遊びます。
[供给伙食]	〔給食〕
午餐时间到了，	お昼になりました。
所有的学校都提供伙食。	どの学校にも 給食があります。
大家都吃同样的饭菜，	みんな 同じメニューです。
每个月都会事先通知食谱。	献立は、月ごとに前もって知らせてくれます。
如果由于过敏症或宗教理由等原因，有不能吃的食品，望告知。	アレルギーや宗教上の理由で、食べてはいけない食品がある場合は、お知らせください。
搬运饭菜、盛饭都由同学们自己进行。	友達同士で 盛りつけをしたり運んだりします。
穿白衣的是伙食值班生，一个星期交替轮流值班。	白衣を着ているのは、給食当番です。1週間交代で係をします。
说了饭前的问候语「いただきます‐我开始吃了」之后，开始用餐。	食事の挨拶は、「いただきます。」で食べ始めます。
用匙子、筷子等吃饭，	スプーンやお箸を使って食べます。
如果不太会用筷子，请与班主任老师商量。	お箸が上手に使えないときは、担任の先生に相談しましょう。
饭后要说「ごちそうさまでした‐我吃好了」。	食べ終わったら、「ごちそうさまでした。」と挨拶をします。
用餐后要刷牙，然后休息。	食事の後は、歯磨きをして休憩をします。
[扫除]	〔清掃〕
扫除的时间到了。	掃除の時間です。
每天要打扫自己使用的教室。	自分たちの使っている教室を毎日掃除します。
不光是教室，学校的其它场所，也需大家分担责任，打扫干净。	教室だけでなく、学校の他の場所も みんなで分担して綺麗にします。
[放学班会・放学回家]	〔帰りの会・下校〕
一天的学习结束后，开放学班会。	1日の学習が終わると 帰りの会を行います。
先由老师来说明第二天的准备，	先生からあしたの準備のお話があります。
也会有同学间的联络事项。	友達同士の連絡もあります。
我们在放学班会上，把第二天的联络事项写在「连络帐」的本子上，	私たちは帰りの会で、「連絡帳」というノートに 明日の連絡をかきます。
家长们如果有要跟老师商量、联系的事情，	保護者の皆さんも、相談や連絡がある場合も
也请写在此「连络帐」上，交给班主任老师。	この「連絡帳」に書いて担任の先生に提出してください。
需要请假或迟到、早退时，	学校を休む場合や遅刻・早退する場合も
也必须将日期、时间、理由等写在「连络帐」上，	日時・理由を 必ず連絡帳でお知らせください。

受入・適応

通知老师。 紧急情况时，也可给学校打电话。 迟到、早退时，请家长一同登校。 请不要让孩子一个人上下学。 向老师和同学互相说「さようなら－再见」后，可以回家。 与街坊的同学朋友一起，走早晨上学来的同一条路回家。 回家时，请注意不要出交通事故， 不要中途绕道别处。 [俱乐部活动] 「帰りの会－放学班会」之后，志愿者可进行俱乐部活动。 俱乐部活动有吹奏乐、合唱等音乐方面的， 还有篮球、足球等体育运动方面的。 到了中学，有排球部、棒球部等许多的俱乐部活动， 另外还有和其它学校间的对抗赛、比赛大会等。 以上并没有完全介绍到日本学校的全貌。 在日本，有很多比大家更早从国外来到这里的同学，以及从海外回到日本的同学。 大家都非常习惯了日本的学校生活，在刻苦努力地学习。 敬请大家安心地来日本的学校读书。	急な場合は、電話でもかまいません。 遅刻・早退の場合は、保護者の方が一緒にお願いします。 ひとりで登校・下校することがないようにお願いします。 先生や友達に「さようなら」の挨拶を交わして帰ります。 朝と同じ道を通って帰ります。近くの友達同士で帰ります。 交通事故に遭わないように、気をつけて帰ります。 寄り道は、しません。 〔部活動〕 「帰りの会」のあと希望者によって、部活動をします。 吹奏楽部・合唱部などの音楽系の部活動。 バスケットボール・サッカーなどの運動系の部活動があります。 中学校では、バレーボールや野球部などたくさんの部活動があります。 他の学校との対抗試合や大会もあります。 これで日本の学校が全部紹介されたわけではありません。 日本には、みなさんより先に外国から来た友だちや、日本に帰ってきた友だちがたくさんいます。 もう、すっかり日本の学校生活になれて、一生懸命学習しています。 どうぞ、ご心配なく　おいでください。

日本語指導

Q1. 日本語指導と国語指導の違い

1、外国人児童生徒にとって「日本語指導教育」は「第2言語教育」であることをふまえて、支援しましょう。

　来日の理由や母語、そして滞在期間が多様化してきている児童生徒にとって、日本語指導は国語教育ではなく、第2言語教育である。国語指導と日本語指導の違いは、次の通りである。

国語指導……日本語を母語とする子どもに日本語を母語とする教師が教える指導
　○小学校1年生の国語の教科書は、日本語を使うことのできる児童を対象に作られている。
　○小学校に入学する児童には、既に話し言葉の基礎があり、日本語を使って意志の疎通ができるようになっている。
　○話し言葉の基礎を習得し、日本社会での基本的な生活習慣を身につけている。

日本語指導……日本語を母語としない子どもに対する指導
　○母語は、年齢相応に発達しているが、日本語はゼロからの出発となる。
　○話し言葉の基礎を作ることから始まり、教材にある簡単な会話や文型練習を通して、日本語の語彙や文法を少しずつ身につけていく。

　外国人児童生徒にとって、日本語は生活するためだけでなく、学習するために必要である。日本語の生活言語は習得に2年、学習言語は習得に5～9年かかるといわれており、児童生徒に要求される日本語は高いレベルにあり、日常会話ができるからといって、日本語指導が必要ないというわけではない。また、母語になりうる言語習得には臨界期（10歳前後）があり、臨界期を過ぎて来日した児童生徒は言語習得が遅い。

　さらに、自分から望んで来日した児童生徒は少なく、日本語学習の意欲が低いため、進学、進路に向けて納得しないと、学習日本語を学ぼうとしないケースも見られる。

【資料15】　国語文法と日本語文法の違い
（動詞の分類）

国語文法	日本語文法
五段活用	①グループ（あ段）
上一段・下一段活用	②グループ（い段・え段）
か行・さ行変格活用	③グループ（くる・する）

　・ます形（語尾が規則変化するのでわかりやすい）→普通形

（形容詞）
　　国語文法の形容詞・形容動詞→日本語文法では「い形容詞」「な形容詞」

Q2．直接指導法と媒介語を使っての指導法

　外国人児童生徒に対する日本語指導法は大きく分けると「直接指導法（日本語で日本語を指導する）と間接指導法（媒介語を使って指導する）がある。外国人児童生徒が集住している地域では、母語も日本語も指導できる「バイリンガル教師」等が指導しているが、ほとんどの教師は児童生徒の母語を使って指導することは難しい。さらに母語が多様化してきているので、直接指導法で対訳付きの教材を使っての「指差し指導」や母語の話せる補助者と連携しながら、指導している場合が多い。

１、直接指導法を身につけ、対訳付きの教材を使ったり、母語の話せる補助者の支援を受けたりしながら指導しましょう。

　日本語で日本語を指導するためには、媒介語に代わるものを使ったり、やさしい日本語を使ったりする。実物、写真、絵、イラスト、身振り手振り、ジェスチャー、音楽、ＤＶＤ等、発達段階や題材に応じて使うようにする。特に、話す・聞くの活動では、教師の言葉遣いや発音がそのまま日本語として入っていくので、正確な日本語を話すようにする。

　市町村教育委員会やボランティア団体が作成したり、市販されたりしている対訳付きの日本語教材の中にはインターネットからダウンロードして使えるものもある。日常会話から教科学習で使う日本語まで、イラスト付きでとてもわかりやすい。

　母語の話せる補助者と連携して指導する場合は、母語の話せる補助者にまかせっきりにすることなく、教師が指導案を立て、どの部分を支援してもらうかはっきりさせてから、指導するようにしたい。

２、媒介語を使っての指導では、日本語を使う部分と媒介語（母語）を使う部分を分けて指導しましょう。

　臨界期前の児童は、まだ母語での言語習得ができていないので、日本語と媒介語（母語）の両方共習得できなくなってしまうと「セミリンガル」の状態になってしまう恐れがある。学校や家庭での言語の使い分けを大人が考えていかなければならない。特に、１つの文の中に日本語と母語をミックスして使わせるようなことは、避けたい。

　臨界期を過ぎた児童生徒は母語での言語習得ができているので、「置き換え」という形で日本語を習得する。中学生の場合は、英語学習をしているので、母語だけでなく、英語を媒介語として、日本語を学習することもできる。英語科教師による「日本語指導」も、今後の１つの取り組みとして期待される。

Q3．教える内容

1、児童生徒の実態に合わせて、適応のための日本語、教科対応のための日本語を適宜組み込んで指導しましょう。

　外国人児童生徒が日本の学校生活に適応し、授業を理解するまでの日本語は、３つの段階に分けられる。
（１）学校生活の基本的な事柄を理解させ、日本の生活習慣や学校生活への適応を図るための日本語指導
① 来日～１カ月（一語）
　何度も耳にする言葉、必要な言葉、衝撃が強い言葉を覚える。例えば、おはようございます・さよなら等の挨拶、だめ・いい、早く、ばか、うそ・本当、ある・ない、やめて、まって等があげられる。この時期は文法指導ではなく、すぐに使える言葉や必要な言葉の指導は実物を使ったり、動作を交えたりして指導するとよい。また、あまり話せないので、ひらがなの練習も少しずつ進め、身につけさせておく。
② １カ月～３・４カ月（言葉をつなげていく）
　覚えていった単語をつなげて自分なりの日本語の文を作っていく。
　例えば、「お母さん仕事いない」→「お母さんは仕事いません」→「お母さんは仕事に行っています。家にはいません」のように、単語のつなぎ方を教えていく。
（２）学校生活を送る上で基本的に必要な日本語の力をつけさせるための日本語指導
① ３・４カ月～（日常会話）
　友達同士の会話等から語彙が増えてくる。しかし、会話の長さは２語文くらいである。また、話せるようになってくるから、どうしても書いたり、文の勉強をしたりするのを嫌がる児童生徒も見られる。漢字も少しずつ教えていく。
（３）学習に必要な日本語指導
① ７・８カ月～（学習言語）
　音楽、図画工作、体育等は実際に体を動かしながら日本語を聞いたり、話したりするので、最初から日本人児童と一緒に行っても大きな問題はないと思われる。しかし、社会科や理科等の教科では、言語の依存する度合いが高いので、日常会話ができるようになったくらいの日本語の力では、日本人児童と一緒の授業についていけない。したがって、日本語教室等での指導、ＴＴによる指導、付き添い指導等、指導上の工夫が必要となる。
　その際、教師の指示の言葉や問題文の捉え方（どっちが何々、どれが一番、同じ・違う）等についても、読解や作文の指導を通して文型・文法・読み書きの力をつけていきたい。

Q4．カリキュラムの組み方

1、日常生活（学校生活）ですぐ使う表現、命に関わる表現等緊必性の高いものから始めましょう。

＜日常生活（学校生活）ですぐ使う表現＞
　挨拶、自己紹介、家族、一日の生活、カレンダー、礼儀、質問、友達、身支度、日本の学校、時間割、給食、掃除、校則、部活、学校行事、宿題、天気、時間（時計）、電話
＜命に関わる表現＞
　交通ルール、体、病気、安全（禁止事項）

2、児童生徒の学習の目的に合わせて、題材や文型等を選択して指導しましょう。

・定住する可能性のある児童生徒……学力をつけるために日本語の基礎（読み書き）を重視し、各学年・発達段階に応じた日本語力、教科の学力をつけるための手立てを用意したカリキュラム
・進学予定の児童生徒……外国人児童生徒向けの特別枠や受入に工夫や配慮をしている高校の情報を知らせ、授業の受け方、自習の仕方等、進学に向けてのカリキュラム
・就職予定の児童生徒……生活日本語に重点をおき、電話のかけ方、日本の生活習慣、礼儀等の題材も取り上げたカリキュラム
・帰国予定の児童生徒に……母語の保持をしながら日本語を学習するので、日本の学校生活や日本文化を題材にしたカリキュラム

3、限られた時間で効果があげられるよう、まとめ的なカリキュラムを組みましょう。

　児童生徒は、学校や地域、マスメディア等から、毎日、シャワーのように日本語を浴び、いろいろな言葉を使うことができるようになる。しかし、ともすると断片的であったり、聞き違ったりしてしまうことが見られる。そこで、使い方をはっきりさせて、正確な日本語が身に付くように、まとめ的な学習が有効である。

4、臨界期（10歳頃）前後で、指導法を変えてカリキュラムを組みましょう。

　母語になりうる言語習得には臨界期があり、臨界期を過ぎて来日した児童生徒は言語習得が遅い。しかし、母国での教育内容の基礎があるので、母語の日本語への「置き換え」や、やさしい日本語への「かみくだき」等の手立てを考えて指導したい。
　また、中学生や高校生ぐらいになると、歌やゲームは子どもっぽくて馬鹿らしいとか、意味も良くわからない言葉をただ歌うのは嫌だ、うまく発音できないので恥ずかしい等と抵抗を感じることもあるので、学び方や素材にも配慮が必要である。

Q5．楽しく「聞く・話す・読む・書く」を教えるには

1、1時間の学習の中に「聞く・話す・読む・書く」の4技能を組み入れて指導しましょう。

　日本語指導では、まず、聞く・話す力を伸ばすことに重点をおき、次第に読み書きの指導に重点を移していくが、児童生徒の場合は、学習に集中できる時間が短いので、4技能を組み入れ、指導に変化をもたせるとよい。（1枚のワークシートで）

2、繰り返し何度も聞かせることにより耳に慣れさせ、ゲーム等の活動を通して正しく聞き取れるように指導しましょう。

　聞くことは言語学習の基本であり、聞いてわかるようになれば、児童生徒は精神的に安定する。教材に出てくる表現を正確に聞き取ることができるように、最初は、いくつかの部分に分け、徐々に聞き取りの量を増やしていき、わかりにくそうなところは、児童生徒の知っている単語や表現で言い換えるといった方法も有効である。そして、ある程度聞き取りができるようになったら、「いつ・どこで・だれが・なにを・どうして」の5W1H型の質問に答えさせたり、要約させたり、ゲーム等をしたりして、チェックするとよい。

3、児童の能力に応じて段階的に話したり、読み書きしたりできるように工夫しましょう。

　教師の話すことがだいたい理解できるようになっても、なかなか話してくれないという場合がある。児童生徒の性格にもよるが、自信をもって話せないという時期に無理に口を開かせることは避けたい。焦らず基本練習を積み重ねることによって、少しずつ自信をもって話せるようになる。また、質問を出して、それに答えさせ、あるまとまった話ができるように導いていくという方法も考えられる。その際、発音や文法上の誤りがあっても、強引に直そうとはせず、自由に話そうとする気持ちを引き出す方が効果的である。
　また、長文を読ませるときは、「何がどこで何をどうした」という、文のもつ基本的な情報の構造を注意して読むことが大切である。「どうしたと書いてあるの」「何をしたの」「それをしたのはだれ」というような質問で、大意をつかませる指導が重要となる。児童生徒の興味・関心に合わせた読書指導も大切である。イラストや絵が豊富に盛り込まれているもの、写真集や図鑑等から始めるとよい。
　最近、教科書に掲載されている物語文や説明文を簡略に書き換え、文の数を減らし、絵を増やして内容をつかめるようにしている「リライト教材」も開発されている。できれば、児童生徒の日本語力に応じて作成して指導にあたれば、理解の助けになると思う。作成に当た

っては、表現はやさしく、内容は相当学年レベルでということに重点をおく必要がある。児童生徒によっては、教科書内の語彙に対して、一つ一つ電子辞書等で調べ、正確な意味を書き写し、自分で調べようという学習意欲が見られるようになり、在籍クラスへの橋渡しのための予習や補助教材に留まらず、学習意欲を引き出す教材としての活用も評価され、教室で共に学ぶ場に参加することができようになると考える。

　作文指導での日本語で書くことの抵抗感をなくし、表現の喜びを与えるためには、段階に応じた指導が必要である。はじめのうちは、よく理解できた文章を書き写させ、日本語の文の書き方に慣れさせる。かなと漢字の混ぜ書きスタイル、句読点の打ち方、書き出しの一字下げ、かっこ等記号の使い方は実際に書いてみて、はじめて気づくことが多い。

　また、出来事の記録を「一行日記」として書いたり、構想メモのワークシートを使っての作文指導に取り組んだりする。「何をどう書いてよいのかわからない」「間違えたくない」という書くことに対する抵抗感をなくすねらいもあるが、その出来事について話すことにより、児童生徒とのコミュニケーションを図ることもできる。

☆楽しく学ぶためのゲーム・演習例
① わたしはだれでしょう
　　＜やりかた＞
　　　カードの表裏に文やシルエットをかき、だれ（何）かをあてる。児童生徒に問題を作らせてもよい。

　　　　　　表　　　　　　　　　　　　　裏　　問題文

　　　　　　　　　　　　　　　　　　（１）わたしは虫です。
　　　　　　　　　　　　　　　　　　（２）夏によく見ます。
　　　　　　　　　　　　　　　　　　（３）空を飛びます。
　　　　　　　　　　　　　　　　　　（４）ミーンミーンと鳴きます。

② お話えんぴつ
　　＜やりかた＞　２人組になり、順番に話したいことを書き合う。
　　作文例）ゆり　日曜日は、何してた？
　　　　　　けん　天気がよかったので、海に行ったよ。
　　　　　　ゆり　何をして遊んだの？
　　　　　　けん　貝がらをひろったり、砂山をつくったりしたよ。ゆりちゃんは？

③ でんごん　お絵かき
　　＜やりかた＞
　　　２人組になり、背中合わせに座り、一人が問題の絵を分かりやすく説明し、もう一人がそれを聞いて、紙に描く。分からない場合は質問してもよい。
　　例）問題の絵

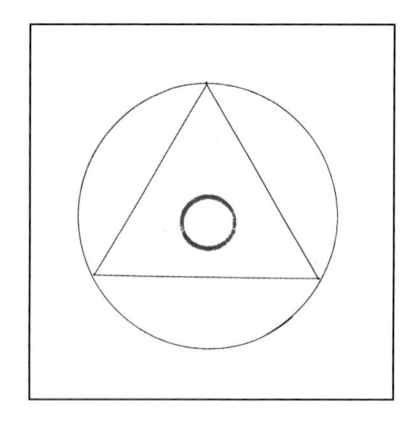

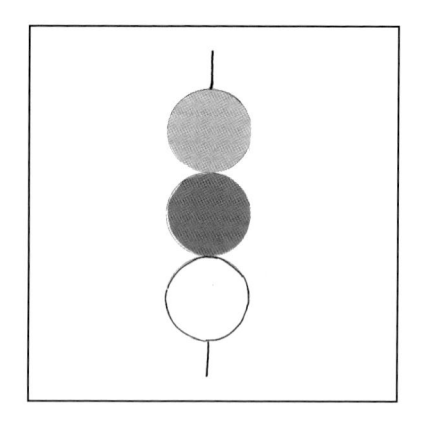

④ じゅんばん　はなびら
　　＜やりかた＞
　　　正方形の画用紙の四隅を中心に向かって折る。（p108参照）１から４までの四角に言葉や絵をかく。算数の文章題・国語のお話作り・順次動作等の指導に役立つ。

【資料16】リライト教材の作り方

　リライト教材とは、教科書を使用した日本語指導法の１つで、入国して間もない時期から、教科の学習に入りやすくするために、教科書本文を子どもの日本語力に対応させて書きかえた教材である。

　（レベル１）文字が読めない場合
　　・教科書の挿絵と補助のための絵を使って、やさしい言葉をつかって、理解させるようにする。
　　・必要であれば、補助としてに母語を入れてもよい。
　（レベル２）ひらがな・カタカナが読める場合
　　・教科書本文の漢字をひらがなにする。
　　・複文は単文にする。
　　・必要に応じて主語を補う。
　　・分かりやすい語彙になおす。
　（レベル３）ひらがな・カタカナ・小学校２年生までの漢字が読める場合
　　・小学校３年以上で習う漢字に振り仮名をつけるか、ひらがなになおす。
　　・長文を短文にする。
　　・段落ごとにまとめて、あらすじや意味を捉えやすくする。

例1）算数の文章題
　問題1

> りんごは85円で、みかんより45円高いです。みかんはいくらですか。

◎リライトして（例）
りんごは85円です。りんごはみかんより45円高いです。みかんはいくらですか。

　問題2

> 佐藤さんと ヤンさんは きれいな まんがの カードを あつめています。
> 佐藤さんは 25まい もっています。 ヤンさんが 何まいか あげたので
> 42まいに なりました。 ヤンさんは 佐藤さんに 何まい あげたのでしょう。

◎リライトして（例）
佐藤さんとヤンさんは きれいな まんがの カードを あつめています。
佐藤さんは カードを 25まい もっていました。 ヤンさんは 佐藤さんに カードをあげました。
佐藤さんは いま 42枚の カードを もっています。
ヤンさんは 佐藤さんに カードを 何まい あげたのでしょう。

例2）国語　3年「わすれられない　おくりもの」（スーザン・バーレィ）

> わすれられないおくりもの
> スーザン＝バーレイ　文・絵
> 小川仁央　やく
>
> あなぐまは、かしこくて、いつもみんなにたよりにされています。こまっている友だちは、だれでも、きっと助けてあげるのです。それに、大変年をとっていて、知らないことはないというぐらい、もの知りでした。あなぐまは、自分の年だと、死ぬのがそう遠くはないことも、知っていました。

◎リライトして（例）
あなぐまは、あたまがよくて、こまっているともだちを誰でもたすけます。
あなぐまは、とてもとしよりで、なんでもしっていました。あなぐまは、じぶんがもうすぐしんでしまうことも、しっていました。

Q6．楽しく「音声」を教えるには

　言葉の教育の中で最も基本的なものである。学校生活場面を使った日本語指導の途中で、適宜取り上げ、できるだけ初期の段階で発音の基礎をかためておきたい。文脈や状況から単語や文の意味が類推でき、児童生徒の発音の間違いが大きな問題とならないこともあるが、場合によっては意味が曖昧になったり、わからなくなったりして、コミュニケーション上の障害になることもあるので、注意が必要である。

１、児童生徒の母語の干渉について知り、時間をかけて根気よく直していきましょう。

　教師の発音をまねて、繰り返し練習する。母語の影響が強く、簡単には直らないこともあるので、時には児童生徒の発音を録音し、正しい発音と聞き比べさせてみるのも一つの方法である。一度に完全に直そうと焦らない。発音矯正をしすぎると、児童生徒の学習意欲を低下させることにもなりかねないからである。
＜主な母語の干渉と矯正のしかた＞
（１）清音と濁音の混同（中国語、韓国語、タイ語）
　強い息を伴うか、伴わないかで音を区別するため、清音と濁音の区別が難しい。「カ行」「タ行」「パ行」の音が息を伴わず発音される場合は、濁音に聞こえることがある。特に語中ではその混同が起こりやすい。指導法としては、「タ行」等を少し不自然でも強い息を伴って発音し、混濁の違いを分からせる。徐々に強い息を伴わずに発音させるようにし、区別をつけさせる。
　　例）ごはん→こはん　わたし→わだし
（２）「ウ」の発音で唇を丸め、突き出すようにして発音することが多い。（英語・中国語）
　唇をリラックスさせ、口もとに笑みを浮かべるような感じで発音させるとよい。単独の「ウ」だけでなく、「ス」「ツ」等、子音と結びついた時も、同じ注意が必要である。
（３）「ツ」と「ス」と「チュ」の区別が付かない。
（韓国語・タガログ語・タイ語・マレー語・インドネシア語・スペイン語・ポルトガル語）
　「ウ」音に引っ張られて、唇を丸く突き出したり、緊張させないように注意する。「スー」と言わせながら、摩擦音であることに気づかせ、舌をちょっと突き出し、上の歯茎の後ろにつけてすぐ離すと「ツ」になる。「チュ」になりやすい場合は唇をリラックスさせること、舌を後ろに引かないこと等に注意させる。「ピーナッツ」から「ツ」音を引き出すこともできる。また、「つり」「つばめ」等「つ」の後に「ラ行」「マ行」「バ行」等歯茎や唇を使う前よりの音がくる語を選んで練習させるとよい。
　　例）つづけて→ちゅぢゅけて　つかれた→すかれた、ちゅかれた

（4）「シ」と「チ」の区別ができない。（スペイン語・タイ語）
　「シ」を英語の「C」に近い音で、前歯と舌先で「スィ」と発音する。日本語の「シ」は舌の中ほどの部分を歯茎の後方から口蓋あたりに近づけて作る摩擦の音である。静かにの「シーッ」のように「C」より舌を後ろに引き、やや奥の方から音を出すようにするとよい。「チ」は舌の前面と上の歯茎で遮断した息を破裂する音である。「シ」は舌がどこにもつかず、摩擦するだけだから、長く音が続くこと、「チ」は舌が一度つき、離れるときにでる音だから、長く続けられないことをわからせる。
　例）しゃしん→ちゃしん　しんぶん→ちんぶん　あたたかい→あだだかい
　「ウ」と「オ」を混同（タガログ語・マレー語・インドネシア語）
　「アイ」を「エー」と発音（マレー語・インドネシア語）
　「ヤ行」と「ジャ行」の混同（スペイン語）やま→じゃま　じょうず→よーず
　「ハ行」の子音の脱落（スペイン語・ポルトガル語・フランス語・イタリア語）

2、言葉遊びや歌を使って楽しく発音させましょう。

（1）言葉遊び
　・「ことばあそびうた」から「いるか・かっぱ・すり・たね・ことこ」等（谷川俊太郎）
　例）促音の練習
　　かっぱ　かっぱ　らった　かっぱ　らっぱ　かっぱらった　とって　ちってた
　　かっぱ　なっぱ　かった　かっぱ　なっぱ　いっぱかった　かって　きって　くった
　・「リズムあそびうた」（クロード・ロベルジュ）
（2）歌
　・追いかけ歌
　例）森のくまさん　大きなうた　　アイアイ　さんぞくのうた
　　　教師　あるひ・・・・→児童生徒　あるひ
　　　教師　もりのなか・・・→児童生徒　もりのなか
　　　教師　＜くまさんに・・・→児童生徒　くまさんに
　　　・・・・→続ける
　・促音「っ」
　例）まっかな秋
　　　まっかだな　まっかだな　つたのはっぱがまっかだな
　　　もみじのはっぱも　まっかだな
　・長音
　例）ぞうさん
　　　ぞうさん　ぞうさん　おはながながいのね
　　　そうよ　かあさんも　ながいのよ

日本語指導

3、間違えやすい発音は「へんしん」させて、違いをはっきりわからせるようにしましょう。

（1）てんてんでへんしん（濁音）

　清濁の対立にある語をまず聞かせ、聞き取れるようになったら発音させる。日頃の指導でも「てんてん」があるかどうか意識させるようにする。

　てんてんでへんしんする言葉の例）

　　① さる→ざる　　　　　　　　② ふた→ぶた

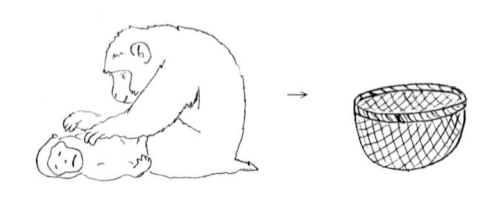

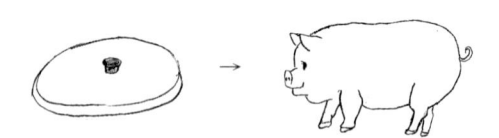

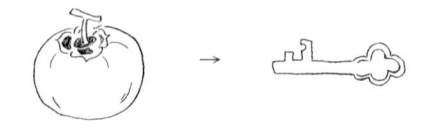

　　③ かき→かぎ　　　　　　　　④ たい→だい

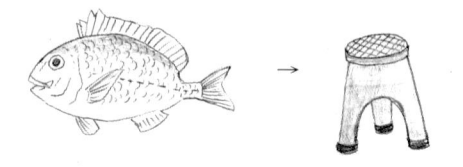

その他
　　⑤ カラス→ガラス　⑥ か→が　⑦ たんす→ダンス　⑧ ふく→ふぐ
　　⑨ はら→ばら　⑩ くき→くぎ　⑪ こま→ごま

　また、一つの言葉の中に清音と濁音の両方入っている言葉を発音させ、違いをはっきりさせるようにするとよい。

　清音と濁音が両方入っている言葉の例）

　　① かがく（科学・化学）　　⑪ しじみ　　　　　他に　・ただいま
　　② かがみ（鏡）　　　　　　⑫ じしゃく（磁石）　　　・ただしい
　　③ かがやく（輝く）　　　　⑬ じしょ（辞書）　　　　・ちぢむ
　　④ がか（画家）　　　　　　⑭ じしん（地震・自信）　・つづき
　　⑤ きぎ（木々）　　　　　　⑮ すず（鈴）　　　　　　・とど
　　⑥ きぎょう（企業）　　　　⑯ すずむし（鈴虫）　　　・はば
　　⑦ くぐる（潜る）　　　　　⑰ すずらん　　　　　　　・ひび
　　⑧ こごえる（凍える）　　　⑱ すずめ　　　　　　　　・ひびく
　　⑨ さざえ　　　　　　　　　⑲ すずり（硯）　　　　　・ふぶき
　　⑩ さざなみ（小波）　　　　⑳ ただ

（2）ちいさいじにかえてへんしん（直音と拗音）

　「いしや→いしゃ」「びょういん→びょういん」等、拗音（例えば「しゃ」）は、二文字で書いても、直音（例えば「や」）と同じ一拍の長さであることをわからせる。「し」と「や」を続けて言わせ、徐々に速度をあげて、「しゃ」と一拍になるようにする。また、「いしゃ」と「いしや」の違いは手をたたいたり、こぶしを握ったり、開いたりして、運動感覚で分からせる。

（3）つまるおと「っ」をいれてへんしん（促音）

　「まくら→まっくら」「ねこ→ねっこ」「きてください→きってください」等、促音「っ」はほとんどの児童生徒にとって難しい。他の音と同じく一拍の長さをもつことがわかりにくいのである。身体の動きで拍感覚を身につけさせる。また、細長いカードに「いって」と書き、「っ」の部分を折りたたむと「いて」となるようにし、たたんだり、広げたりしながら発音して、音の長さの変化を視覚的に印象づけるとよい。

　例）いて→いって

　紙に「いって」と書く。

い	っ	て

　「っ」の部分をたたみこむ。

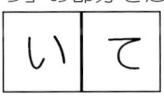

い	て

　初めに「いて」と発音し、広げてから「いって」と発音させ、違いをわからせる。
　また、促音の有無によって意味が異なる語を対にし、音声を聞いてどちらであるかを判断する二者択一型クイズ「どっちかな」も楽しみながら学習することができる。

① 事件 ⇔ 実験　　⑦ 先 ⇔ さっき　　⑬ スパイ ⇔ すっぱい
② 画家 ⇔ 学科　　⑧ 六 ⇔ ロック　　⑭ 町・街 ⇔ マッチ
③ せき ⇔ 石器　　⑨ 補足 ⇔ 発足　　⑮ 菊 ⇔ キック
④ 坂 ⇔ 作家　　⑩ バター ⇔ バッター　　⑯ 的 ⇔ マット
⑤ 時間 ⇔ 実感　　⑪ バク ⇔ バック　　⑰ 自習 ⇔ 実習
⑥ 武士 ⇔ 物資　　⑫ 音 ⇔ 夫　　⑱ 世界 ⇔ 石灰

＜促音の書き方＞

　　　　縦書き　　　　　　　　横書き

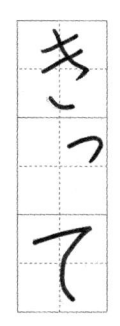

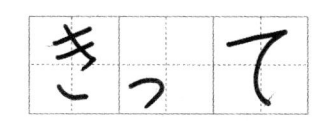

き
っ
て

き	っ	て

（４）のばしてへんしん（長音）
　「おばさん→おばあさん」「ふくろ→ふくろう」「にんぎょ→にんぎょう」等、長音の部分を一拍の長さととらえるのは難しい。小さい「っ」と同様、運動感覚を利用したり、カードの長さの変化で視覚的に訴えたりする方法で指導する。特にアクセントの核（高いところから低いところに落ちる部分）の後に来る長音が難しいので、十分に練習する必要がある。
　例）ちず→チーズ　すき→スキー　ビル→ビール　かど→カード

4、楽器やハンドサインやアクセント図を使って、音の高低を身に付けさせましょう。

（１）ウッドブロック
　高音と低音のついているウッドブロックをつかって、高低アクセントを聞かせてから発音させる。見た目では高低がわかりづらいので、高いほうにシールを貼っておくとよい。また、高低を図で表したものと組み合わせて、ウッドブロックを操作するとよりわかりやすい。

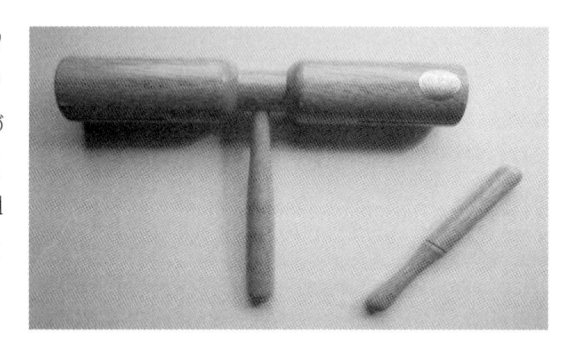

２音の場合

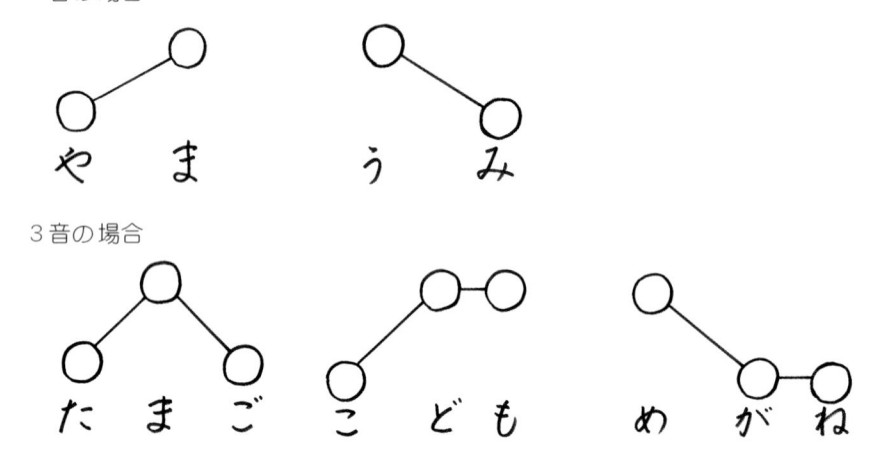

やま　　うみ

３音の場合

たまご　こども　めがね

（２）ハンドサイン
　手を上げ下げすることで、高低アクセントを身につけさせる。手を上げると自然に声も高くなるので、覚えやすい。

（３）アクセント図
　カードにアクセント図を書き、視覚的に高低アクセントを身につけさせる。
　カードの表に絵、裏に文字とアクセント図をかいて、カード取りゲームの際に、アクセントを確認するようにするとよい。

Q7．楽しく「文字・表記」を教えるには

１、文字カードや絵を手がかりに、ゲーム等の活動を通して楽しく指導しましょう。

　日本語は他の言語に比べて、ひらがな・かたかな・漢字と数も多く、覚えるのが大変なので、文字カードや絵を手がかりにゲーム等の活動を通して楽しく学ばせたい。字体はできるだけ教科書体を使う。（き→き・さ→さ・で→で・む→む・り→り等）

　市販の文字カードや厚紙で作ったもの等を使って、繰り返し指導して定着させる。

☆楽しく学ぶためのゲーム・演習例

① いろいろビンゴ

　＜ねらい＞

　テーマを決めてビンゴゲームをすることにより、言葉や文字をまとめたり、増やしたりする。ビンゴシートを用意し、書き込み、教師が言ったり、児童生徒同士で言ったりしながら、ゲームをする。

　　テーマ例）　　上位概念・・・果物、魚、楽器、野菜、色等
　　　　　　　　　〇のつくことば・・・「あ」のつく言葉等
　　　　　　　　　〇〇と読む漢字・・・「せい」と読む漢字等
　　　　　　　　　部首・・・「木へん」の漢字等

② 漢字で算数

　＜やりかた＞

　漢字の構成部分を＋・－・×・÷の計算の形にして、漢字に興味を持たせる。

　例）

　　足し算・・・日＋月＝　　　田＋力＝　　　音＋日＝　　　玉＋口＝
　　引き算・・・星－日＝　　　松－木＝　　　計－十＝　　　時－寺＝
　　掛け算・・・木×３＝　　　夕×２＝
　　割り算・・・品÷３＝　　　炎÷２＝

③ ばらばら漢字

　＜やりかた＞

　漢字をへんやつくり等で漢字カードを切り、ばらばらにして組み合わせて、知っている漢字を作る。

④ 漢字カルタ

　＜やりかた＞

　漢字は意味をもっているので、絵カードと漢字カードを作り、カードとりゲームをする。

⑤よみかた　いろいろ
　＜やりかた＞
　１つの漢字でもいろいろな読み方があることを知る。
　例）ワークシート
　「生」をつかったことば（読み方が違う）を集めましょう。

No.	ことば	読み方
1		
2		
3		
4		
5		

　・
　・
　・
　・
　・

解答例

1	先生	せんせい	13	生業	なりわい
2	一生	いっしょう	14	芝生	しばふ
3	生憎	あいにく	15	相生	あいおい
4	生きる	いきる	16	弥生	やよい
5	生える	はえる	17	誕生	たんじょう
6	生毛	うぶげ	18	羽生	はにゅう
7	生い立ち	おいたち	19	生田	いくた
8	生む	うむ	20	福生	ふっさ
9	生地	きじ	21	生実	おゆみ
10	生身	なまみ	22	早生	わせ
11	生粋	きっすい	23	皆生	かいけ
12	生花	いけばな	24	壬生	みぶ

２、書き順の原則を知らせ、空書したり、順序を色で示したりして、指導しましょう。

　アルファベットは一筆書きが基本であり、途中で鉛筆をノートから離すことがあまりなく、下から上へ線を書くことも多い。したがって、一画一画鉛筆をノートから離す、縦線は上から下へ、横線は左から右へ、点は上から下へ書くという書き順の原則をしっかりと教える。また、「はねる・とめる・はらう」「つける・離す」「長い・短い」「まっすぐ・曲げる」「方向」画数の数え方にも注意させる。大きな動作で空書したり、１画目は赤、２画目は青、３画目は緑等と色を決め、視覚に訴える方法も楽しい。
　また、点画の形式の名称も言いながら書かせると正確な文字を書くことができる。

3、漢字は仲間としてまとめて教えましょう。

　漢字は、初級前半終了100字程度、初級終了300字程度、中級終了1000字程度、上級レベル2000字程度も覚えなければならない。特に非漢字圏の児童生徒にとって最も大きな障害となる。漢字の学習が難しいのは、次の6点があげられる。

　（1）　一つの字に読み方が多い。（訓読み、音読み）
　（2）　字数が多い。（教育漢字1006字、常用漢字1945字）
　（3）　細かい規則が多い。（点があるとかないとか）
　（4）　同音語が多い。（科学と化学、公園と講演等）
　（5）　字形が複雑で画数も多い。（類似形も多い。因と困等）
　（6）　文中での用法を覚えないといけない。（品詞、送り仮名、造語等）

　漢字圏の児童にとっては、漢字は言葉の意味を示唆してくれるが、いくつかの問題もある。日本語では、一つの漢字に対して読みが複数あるのが普通であり、極端な場合には、「生」のように10通り以上の読みがあるものもある。また、日本語と外国人児童生徒の母語との間で、同じ漢字でも意味が違う場合がある。例えば、中国語では、「走」は「歩く」、「手紙」は「トイレットペーパー（ちり紙）」、「新聞」は「ニュース」の意味を表します。他にも字体の違いも漢字を書く際に問題になる。日本の漢字と中国で使われている簡体字、台湾・香港等で使われている繁体字との間には微妙な違いがあり、混同してしまうことがある。

　そこで、「部首」「品詞」「家族名称」「位置関係」「季節」「体の部分」「時間割」「天気予報」「反義語」「類義語」「同音語」等、ワークシートやゲーム等を通して仲間として教えるようにするとよい。また、漢字には「これ以上分解できない」字が101字ある。漢字は文字と文字を組み合わせてできているので、この基本漢字を覚えるようにするとよい。

　　＜基本漢字101字＞
　　・人や人の体を表す漢字（15字）
　　　手、口、耳、足、目、毛、首、力、心、父、母、子、女、人、王
　　・動物や動物の体を表す漢字（12字）
　　　犬、牛、馬、羊、魚、鳥、虫、貝、角、羽、肉、皮
　　・草や木を表す漢字（5字）
　　　木、竹、米、麦、豆
　　・自然や場所を表す漢字（14字）
　　　山、川、土、石、田、穴、日、月、雨、風、水、火、音、金
　　・道具を表す漢字（10字）
　　　弓、矢、刀、戸、門、車、皿、舟、糸、衣
　　・数を表す漢字（15字）
　　　一、二、三、四、五、六、七、八、九、十、百、千、万、寸、尺
　　・点や線で意味を表した漢字（5字）
　　　上、中、下、本、玉

日本語指導

- 人や物の動きを表した漢字（17字）
    立、歩、走、止、出、入、行、来、向、回、言、書、考、示、交、食、生
- 様子を表す漢字（8字）
    大、小、多、少、高、長、青、白

☆楽しく学ぶためのゲーム・演習例
①漢字の花
　＜ねらい＞
　　花の絵を使って、熟語や仲間の漢字を覚える。
　＜やりかた＞
　　花の絵に漢字を書き入れる。
　例）

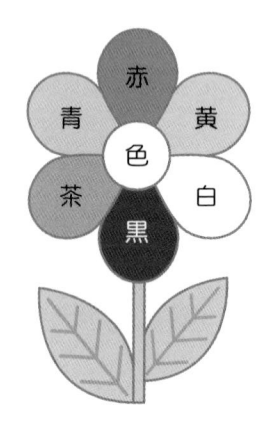

4、間違えやすい文字は、違いをはっきりさせ、繰り返し練習させましょう。

　＜ひらがな＞
　「あ・め・ぬ」「わ・れ・ね」「あ・お」「ら・ろ」「る・ろ」「ね・ぬ」「す・む」「た・に」
「は・ほ」「さ・き」「さ・ち」「い・こ」「し・つ」「く・へ」「の・め」「け・さ」「お・よ」
　＜かたかな＞
　「ウ・ワ・ク」「ラ・フ・ヲ」「ア・マ」「ク・タ」「コ・ヨ」「ス・ヌ」「チ・テ」「ソ・ン」
「フ・ワ」「ノ・メ」「コ・ユ」「ル・レ」
　＜ひらがなとかたかな＞
　「か・カ」「き・キ」「せ・セ」「や・ヤ」

5、かなづかいの基本的な規則や例外をまとめて教えるようにしましょう。

　　現代かなづかいでは、音とかなの対応の単純化が図られているが、以下のような問題点がある。
○助詞の「は」「へ」「を」
　　これは本です　学校へ行く　本を読む

○エ列とオ列の長音
・エ列の長音は普通「い」で表記されるが、例外がいくつかある。
生活→せいかつ　礼→れい
（例外）お姉さん→おねえさん　感動詞の「ええ」「ねえ」「へえ」
・オ列の長音は普通「う」で表記されるが、例外がいくつかある。
東京→とうきょう　帽子→ぼうし
（例外）多い→おおい　狼→おおかみ　大きい→おおきい　覆う→おおう　氷→こおり
凍る→こおる　通る→とおる　頬→ほお　炎→ほのお
○「じ」「ず」と「ぢ」「づ」
原則として「じ」「ず」で表記されるが、例外がいくつかある。
（例外1）同音の連呼によるもの
縮む→ちぢむ　　続く→つづく
（例外2）二語の連合によるもの
湯飲み茶碗→ゆのみぢゃわん　　小包→こづつみ
　低学年の児童の場合には、表記の規則を教え込むのではなく、正しい表記を提示して指導する。高学年や中学生の場合には、基本的な規則や例外を指導する。文字カードや絵を手がかりにさせ、ゲームを通して楽しく覚えさせたい。

【資料17】　ワークシート「のばすおと」

「あ」のだん→あをつけます。

「い」のだん→いをつけます。

| お | | | さ | ん |

| お | | | さ | ん |

「う」のだん→うをつけます。

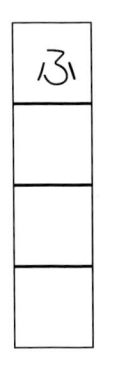

| ふ |
| |
| |
| |

「え」のだん→いをつけます。

| け | | | |

日本語指導

「お」のだん→うをつけます。　　　　　　とくべつ　お→お　そのまま

ろ

お		

ち	ょ		

き	ゅ		

り	ょ		

ち	ゅ			

6、漢字の下に振り仮名をふり、漢字についている振り仮名を隠しながら、徐々に読めるようにしましょう。

　日本語を表記する際の慣例と違っているので、指導する際には注意を促す必要がある。
　縦書きの場合は左側に、横書きの場合は下に振り仮名を振る。振り仮名は鉛筆で振り、読めるようになってきたら、振り仮名を紙で隠して読ませる。最後には消しゴムで振り仮名を消して、読めるようにする。

Q8. 楽しく「語彙」を教えるには

　語彙、いわゆる単語は非常に数が多い。そこで、特に重要度の高い基本的な単語を基本語彙として選び、日常生活、特に学校生活を送る上で必要な語彙を場面に応じて指導していく。また、日本語は他の外国語と比べて、名詞に単数・複数の区別がない、形容詞が活用するという特徴がある。

1、言葉遊び・言葉集め・歌等を使って、楽しく教えましょう。

（1）言葉遊び
　　しりとり（こぶた　たぬき　きつね　ねこ・・・）　　さよならさんかく

（2）言葉あつめ
　　はんたいことば　なかまのことば

☆楽しく学ぶためのゲーム・演習例
① ことばのはな
　花の中心の文字が初めにつくことばを探して、花びらに文字を書く。
　＜やりかた＞
　　例）中心の文字「た」
　　　　花びら　た「い」、た「け」、た「こ」、た「ね」、た「ら」

（3）歌
　　八百屋のおみせ（上位概念）
　2人以上から遊べる記憶ゲームである。「～考えてごらん」までが固定で、品物名を次の人が一つずつ追加して増やしていく。みんなで手拍子をしながら歌い、間違えたり、テンポがくずれたり、新しい品物が言えなかったら負けになる。

　　・歌
　　　○○○さんのお店に並んだ
　　　品物　言ってごらん
　　　よく見てごらん　考えてごらん
　　　△△△！（△△△！）　あー、あー！
　　＜やりかた＞
　　　○○○・・・ここにはお店の名前が入る。
　　　例）八百屋、魚屋、薬屋、花屋、パン屋等
　　　△△△・・・ここには品物名が入る。
　　　例）八百屋の場合　きゅうり、にんじん、キャベツ、大根、なす等

☆楽しく学ぶためのゲーム・演習例
① しんけいすいじゃく
　＜やりかた＞
　テーマを決めてカードを作り、合うカードをさがす。本来は裏返してするが、表を出して関連のあるカードをとる方法もある。
　　例）絵カードと文字カード
　　　　　とらの絵と「とら」をめくったらもらえる。
　　　　　絵カードと文字カードの色を変えておく

② ことばのかいだん
　＜やりかた＞
　マス目のかいだんシートをつくり、言葉をさがして書く。
　　例）縦に

				か
			か	た
		か	ま	つ
	か	え	き	む
か	に	る	り	り

③ クロスワード
　＜やりかた＞
　クロスワードシートをつくり、空欄のところに文字を書き入れる。
　ヒントとして、挿絵を入れたり、問題文を示したりする。
　　例）

④ いろいろしりとり
　＜やりかた＞
　始めの文字やテーマを決めて、しりとりをする。
　※「ん」になったら負け。一回使った言葉は使えない。
　例）始めの文字・・・ひらがな　いか→からす→すずめ→めがね→ねこ
　　　　　　　　　　　かたかな　カステラ→ラッパ→パイナップル
　　　　　　　　　　　漢字　　　生活→活用→用心→心配
　　　　　　テーマ（食べられるもの）　りんご→ごま→まめ→メロン（×）

⑤ さいころゲーム
　＜やりかた＞
　さいころの6つの面は、1～6までの数字だが、絵や文字、言葉にかえてゲームをする。
　例）宝をさがせ
　　・模造紙にマス目を書き、スタートと宝を書く。
　　　さいころに「上」（2つ）「下」「右」「左」（2つ）と書く。
　　　さいころをころがして出た目通りに進み、宝まで進む。

宝								
								スタート

⑥ なまえさがし
　＜やりかた＞
　ワークシートに書かれた文字を見て、テーマにあった言葉をさがす。
　例）2回でてきたことばは？

た	り	か	ち
ま	さ	ん	ご
ご	た	ま	ま
ま	か	い	た

こたえ（　たまご　）

し	あ	か	い
め	め	ん	ち
ら	ろ	て	じ
め	ん	ん	く

こたえ（　　　　）

と	ま	と	と
み	め	り	ん
る	に	に	か
く	り	く	つ

こたえ（　　　　）

日本語指導

⑦ せんつなぎ
　＜やりかた＞
　絵と合っている言葉を線でつなぐ。反対語・類義語等でもできる。
例）

　　　パンダ　　ライオン　　ペンギン　　コアラ　　ラッコ

２、何枚かのイラストを使って動きの変化を示したり、動作化したり、他の表現に言い換えたりして教えましょう。

（１）イラスト
　　何枚かのイラストを４コマ漫画のように順番に示して、説明する。
（２）動作化
　　実際に動作をさせて、わからせる
① フルーツバスケット
　　フルーツ等のテーマを決めたり、自分から問題を出したりして、ゲームをする。
② ジェスチャーゲーム
　　グループに分かれて、紙にかいた問題をジェスチャーでグループのメンバーに伝える。
（３）言い換え
　　既習の言葉や文型を使って説明する。春→冬の次で、３月から５月

３．辞書を効果的に使って教えましょう。

　外国語としての日本語の辞書は、初期段階のもので、成人を対象に作られたものがいくつかある。用例が児童向けではない点を除けば、高学年の児童が作文を書いたり、単語の使い方を調べたりするのに便利である。日本の児童生徒用に作られた絵やイラストが豊富に入った英和辞典、和英辞典、絵辞書の中にも外国人児童の日本語指導に役立つものもある。また、外国語対応「電子辞書」も発売されているので、効果的に利用していきたい。
　辞書を引く際に、単語を取り出し、それを辞書にある見出し項目と合致させるのは、容易ではない。例えば、「ならんでいます」は、ならんで→ならぶ　います→ていると分解、変形の作業を経て見つける。文章の中から実際に単語を選び、辞書で引かせる練習がかなり必要である。最終的には、日本人と同じように国語辞典が使いこなせるようになれば理想的であるが、その場合、見出し語が５０音になっているので、その引き方を指導する必要がある。対訳の使用は、抽象的概念の語彙がなかなか理解できない場合等に限定する。

Q9．楽しく「文法」を教えるには

1、できるだけ具体的に場面設定を行い、基本的な表現のパターンとして教えましょう。

　文法の指導は一般的には文型指導という形で行われるが、基本的な文型を精選し、イラスト、写真、絵カード等を活用して、できるだけ具体的に場面設定を行い、児童生徒に文型の意味や用法を理解させる必要がある。つまり、文法を解説するのではなく、基本的な表現のパターンとして、繰り返し練習することで文法の定着を図る。

　文型練習の主な方法としては、次の8つがあげられる。

（1）反復練習

　基本的な文型を口まねして言う練習。

　新しい文型を提示し、その文型が口頭で言えるようにする。新出文型や語彙の指示の段階で多く使われる。この段階で発音を習得させる。単純な練習なので、飽きないように注意する。

（2）代入練習

　文の一部を入れ替えて新しい文を作る練習。単語（キュー）の与え方には、口頭、実物、絵等の様々な方法がある。

・入れ替える部分が1カ所・・・単純代入練習
　例）これは本です。
　　　キュー（えんぴつ）→これはえんぴつです。

・入れ替える部分が複数・・・複式代入練習
　例）私は中国人です。
　　　キュー（オリベイラ・ブラジル人）→オリベイラくんはブラジル人です。

・入れ替える箇所そのものを次々に変えていく・・・多角的代入練習
　例）主語を変える→目的語を変える→時制を変える
　　　今日、ぼくは野球をします。
　　　（主語・・・たかしくん）→今日、たかしくんは野球をします。
　　　（目的語・・・テニス）→今日、たかしくんはテニスをします。
　　　（時制・・・昨日）→昨日、たかしくんはテニスをしました。

（3）転換練習

　否定形、疑問形、過去形に変える等、正確の異なる文に転換する練習。
　例）今日は暑いです。
　　　否定形に→今日は暑くないです。
　　　疑問形に→今日は暑くないですか？
　　　過去形に→今日は暑かったです。（夕方に言う）

日本語指導

（４）合成練習

二つの文を合わせて新しい文を作る練習。

例）これは本です。昨日、この本を買いました。
　　→ これは昨日買った本です。

（５）拡大練習

修飾語や新しい語句を加えて文を少しずつ長くしていく練習。

長い文がすらすら言えるようにすると同時に、文を構成する要素を把握させるのに役立つ。

例）本です。　………　本です。
　　（英語の）　………　英語の本です。
　　（友達にもらった）　………　友達にもらった英語の本です。
　　（昨日）　………　昨日友達にもらった英語の本です。
　　（これは）　………　これは昨日友達にもらった英語の本です。

（６）文章完成練習

文の一部を与えてそれを完成させる練習。

例）今日は、１０月８日、水曜日です。
　　→ おとといは、＿＿＿＿＿＿＿＿＿＿。
　　→ あしたは、＿＿＿＿＿＿＿＿＿＿。

（７）応答練習

教師の質問に児童が答える練習。

例）教師　　今日は暑いですね。
　　（いいえ）→ いいえ、今日は暑くありません。

（８）役割練習

児童同士で質問したり、答えたりする練習。

例）〇〇・・・あなたは、どんなスポーツが好きですか？
　　☆☆・・・サッカーが好きです。あなたは？
　　〇〇・・・私もサッカーが好きです。どのチームのファンですか？

２、イラストや品詞カード、動作・ゲーム、まとめのワークシート等で説明しましょう。

（１）イラスト

動作の様子をかいたイラスト、二枚のイラストを厚紙の裏表にかいたものを使い、動きの違いを理解させるようにする。そのとき、文字記号を入れるとさらによくわからせることができる。

　　＜文字記号＞矢印（→・↓・←・↑・⇔）、〇×、？！

（２）品詞カード

表にイラスト、裏に辞書形を書く。カードの縁に色をつけ、品詞がわかるように区別しておくと整理しやすい。

動詞カード、形容詞カード
（３）動作・ゲーム
・「てください」の文型は、実際に教室にあるものを使って動作で表したり、他のクラスの先生に届け物をしたりする。動作指示ゲームも楽しい。
・「こそあど言葉」はボールを使ったり、自分が動いたりして、教えるとよい。また、「むすんでひらいて」の歌を歌い、「むすんで」「ひらいて」「手をうって」等に合わせて動作し、次に「その手を上に」の部分を利用して「下に」「前に」「後ろに」「右に」「左に」と動作させながら、位置関係の言葉を指導する。

☆楽しく学ぶためのゲーム・演習例
① いろいろすごろく
　　＜やりかた＞
　　文型等テーマを決めて、すごろくをする。
　例１）「たり、たりすごろく」
　　　数字のところに２つの動詞を書き、さいころをふって止まったところの動詞を使って、文をつくる。
　　　「日曜日は、本を読んだり、テレビを見たりしました。」
　例２）「ある・いるすごろく」
　　　数字のところに生き物や物の名前を書き、とまったところの名詞はある・いるのどちらかを考えて、言う。
　　　「うさぎがいる」「えんぴつがある」
　　　　×「自転車がいる」

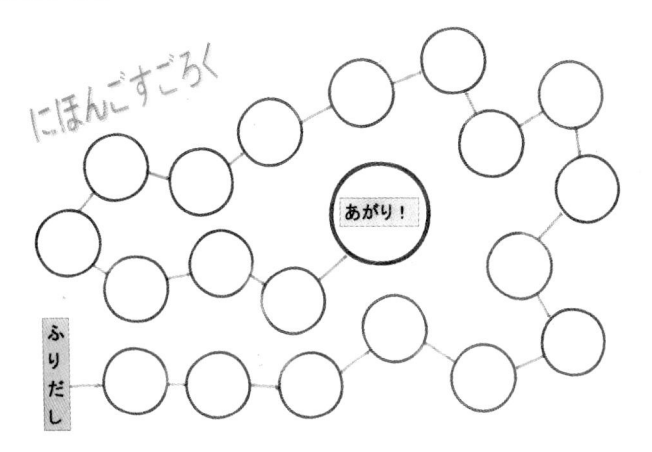

（４）ワークシート
　文型の練習をしながらまとめていけるようなワークシートを作成する。例えば、存在を表す「ある」と「いる」について、「ある」は本や鉛筆等物の場合に使い、「いる」は人や動物等生き物に使うということを絵で仲間分けしてワークシートに貼っていき、整理して説明する。

Q10. 教科学習に向けて・JSLカリキュラムの活用

　日常会話程度の日本語は習得しながらも、教科学習にはなかなか参加できずにいる状況の外国人児童生徒が少なからずみられ、学校現場での問題となっている。日本語力不足で授業の内容が理解できないために学力が伸びなかったり、受験ができなかったり、意欲をなくして不登校になってしまったりする現状がある。

1、難しい言葉は、やさしい言葉に置き換えて、指導しましょう。

　教科学習では、外国人児童生徒にとって難しい、日常生活ではあまり使われない言葉がたくさん出てくる。先生の指示の表現がわからないために、学習内容までわからなくなってしまう。「わかりましたか？」と言われると「はい」と答えていたが、実際はわかっていなかったということが、後になってわかったという例もある。教科書のわからないところに線を引くという約束をしておき、やさしい言葉に置き換えて理解させるようにする。理解することができたら、使い方も知らせ、語彙を増やすようにする。

2、母国で受けた教育との違いを把握し、指導しましょう。

　児童生徒の母国での教育事情は様々で、義務教育期間や教育内容等、日本と違う面が多い。千葉県教育委員会作成の「母国の教育事情」、編入時の面接等を参考にして、実際に学級での学習の様子も見ながら、支援内容・支援方法を検討する。指導カリキュラムの違いによる未学習部分の補習、学習方法の違い（計算等）に対する補助等が考えられる。未学習部分としては、音楽（リコーダーや鍵盤ハーモニカ、楽譜）、体育（水泳、跳び箱）、社会科（日本の地理・歴史）、理科（地域差による動植物、実験）、家庭科（ミシン）等があげられる。在籍しているクラスの指導計画に合わせて必要に応じて支援していく必要がある。
　学習方法の違いとしては、算数の割り算の筆算、数え方等があげられるが、日本のやり方についての説明はするが、母国でのやり方も認めるようにする。

3、教科学習で使う語彙や文型を調べて、意味を理解できるように指導しましょう。

　日本語の語彙や文型がわからないために、算数の文章題を解くことができないことがある。例えば、足し算のときに使う語彙としては「あわせて」「ふえると」「もらうと」等があり、ジェスチャーやイラスト、実物やおはじき等をつかっての操作を通して、語彙を理解させ、文型練習をして定着させていく。つまり、教科学習を通して日本語指導をしていくのである。文部省発行の「にほんごをまなぼう１・２・３」は算数・社会科・理科の教科書で使われて

いる文型・語彙を洗い出し、教科内容としての語彙や文型指導に適している。

４、学び方を知らせ、自分で学習するための指導しましょう。

　補助者は、毎日学校に行って補助することができないし、学級では、自分で解決しなければならないことも多い。児童生徒が自分で学習することができるような手立てが必要である。辞書の引き方、図書館の利用の仕方、調べ学習の仕方、パソコンを使っての学習、電子辞書の使い方、ノートのとり方、家庭学習の仕方等がある。児童生徒の意欲や頑張りを認め、自信へと繋げたい。

５、児童生徒の実態に合わせて、ＪＳＬカリキュラムを参考に、できるところから実践しましょう。

　文部科学省は、日本語の初期指導から教科学習へのつながる段階のためのカリキュラム小学校編（平成15年7月）、中学校編（平成19年3月）を開発した。カリキュラムは固定した順序性はないので、多様な子どもたちの実態に応じ、教師自ら創意工夫を生かしてカリキュラムを作成・実践することを支援するツールとして位置づけている。ＡＵカードやワークシート等を活用して、教科学習を進めながら日本語を身につけていきたい。

【資料18】　学校教育におけるＪＳＬカリキュラム
　　　　　　日本語を母語としない子どものための学習支援（小学校編）
１．ねらい
　　日常的な会話はある程度できるが、学習活動への参加が難しい子どもたちに対し、学習活動に日本語で参加するための力（＝学ぶ力）の育成をめざす。
２．特色
　　・日本語指導と教科指導とを統合
　　・学習項目を固定した順序で配列するのではなく、生活背景、学習歴、日本語の力、発達段階等の多様な子どもの実態に応じて、教師自身が柔軟にカリキュラムを組み立てることを支援
　　・子どもたちの理解を促すよう、直接体験等に基づいた学習を重視
　　・子どもたちが理解しやすい日本語を使い、表現を工夫
３．方法
　　・直接体験等の活動への参加を通して、日本語による「学ぶ力」を育成
　　・子どもたちの「学ぶ力」に応じて参加可能な学習活動を設定し、活動に応じた様々な日本語表現を工夫することにより、子どもたちの学習活動への参加とその理解を促進
　　・実践事例や教材、ワークシート等に関する情報を共有するサポートシステムを構想し、授業に役立つ様々な工夫を支援

「トピック型」JSLカリキュラム
 1. JSLカリキュラムとは、
  　だれに
日本語の力が十分でないため、日常の学習活動への参加が難しい子どもに
・ひらがなとカタカナの読み書きはできる、漢字も少しずつ覚えている、友だちとの日常会話はできる、でも授業には参加できない子どもたちに、教室での学びの橋渡しをする。
  　なにを
教室での学びに日本語で参加できる「学ぶ力」を
・教室の学びは、経験を確認する・疑問を抱く・変化や違いを観察する・情報を収集する・分類や比較をして考える・分かったことを表現するといった活動が中心となっている。こうした活動に日本語を使って参加できる力、つまり「学ぶ力」をつけることがこのカリキュラムのねらいである。
  　どのように
体験⇒探求⇒発信という学びを体験させて
・子どもたちは、体験したことを日本語で表現したり、学習の過程や結果について日本語で考えたり、さらに学習したことを人に伝えたりすることによって、日本語の力を高めていく。日本語の力が十分でない子どもでも教室での学びに参加できるように、具体物や直接体験を豊富に盛り込んだ学びの場を創るようにする。
  　それには
トピックを追求する活動と日本語表現を組み合わせた授業づくりを
・子どもの成育背景・学習歴・日本語の力・認知発達などは多様であり、固定した内容を一定の順序で配列した定型的なカリキュラムではなく、子ども一人一人に応じた授業づくりが必要である。そのためには、子どもたちの興味・関心・既有知識などと結びついたトピック型の学習が有効で、授業づくりのツールとして、「AUカード」を用意されている。
 2. トピック型JSLによる授業づくりの流れ
  　実態を把握
↓子どもの興味・関心に注目して
  　トピックの決定
↓子どもの興味・関心からの展開
  　構想を練る
↓体験・探求・発信の大まかな流れを作る
  　授業の組立
↓授業の流れにあわせAUカードを選ぶ

「教科志向型」JSLカリキュラム
 1. 基本的な考え方
　・各教科における「学ぶ力」の育成を目指す
　・各教科の学習活動への参加を通して「学ぶ力」の育成を目指す

・教科の知識・概念を習得すること自体が目的ではなく、知識や概念を習得できるようにする過程が重要になる

２．基本的な枠組み
（１）開発の基本的な原則
　① 多様な学習歴、生活歴、文化的・社会的背景をもった子どもたちが対象となっていることを十分に意識し、そうした多様な子どもたちを教科の学びに参加させるための工夫をする。
　② 具体物や体験によって子どもたちの学習活動を支える工夫をする。
　③ 完成したカリキュラムを開発するのではなく、カリキュラムづくりを支援するツールを開発する。
　④ 子どもたちが自分から日本語を使って学習内容を表現、発信することを重視する。
　⑤ 教科内容、教科固有の学習活動にかかわる語彙、表現の取り扱いについて、教科ごとに明確な方針をたてる。

（２）ねらい
教科の知識・概念等を習得することではなく、教科に参加するための力をつけること
　　↓
教科のものの見方・考え方が育まれるような支援が必要
　国語科……言語活動への参加を通して、互いの立場や考えを尊重しながら言葉で伝え合う力を高めること
　算数科……算数科の学習活動に参加しながら算数科に関連する概念や思考力をのばすこと
　理科……授業の流れにのって他の子どもと協力しながら実験、観察等を行い、それを通して様々な体験を生み出すこと、そうして得られた体験を理科的な概念でとらえ直す活動に参加すること
　社会科……調べ学習に代表される社会科の授業に参加できることと、子ども自身がそうした過程をたどって学ぶ力を育成すること

ＪＳＬカリキュラム（中学校編）
１．基本的な考え方
　小学校編と同じだが、中学校向けの部分のみ記述。
（１）日本語による「学ぶ力」の育成
　授業の内容が高度化し、言葉による理解が優先する。
　日本語によって教科の学習に実際に参加することである。授業で教師の説明を理解し、それを自分の頭のなかで整理し、仲間と議論し、学んだことを周囲に発信していくといった一連の流れを日本語で組み立てていく経験が重要である。

（２）個々の生徒に応じたカリキュラム作り
　ＪＳＬカリキュラムの対象となる生徒の背景は多様である。
　同じ年齢でも母語、文化的背景、生育歴、学習歴、来日時期、学力、日本語力、希望進路などが多様であり、当然、必要な支援も生徒ごとに違ってくる。

2．日本語支援の考え方とその方法
（1）日本語支援の基本的な考え方
　　① 日本語の力や学力の個人差に対応した支援
　　② 日本語の力の発達に合わせた支援　　③ 考える力を育成する支援
（2）日本語支援の5つの視点
　　① 直接支援　　② 間接支援　　③ 理解支援　　④ 表現支援　　⑤ 記憶支援
・国語科の考え方
　　① 理解と産出を同時に要求せず、十分な説明の段階を確保すること。
　　② 子どもの言語獲得は文法の理解からではなく、子どもにとって意味のある言葉との接触
　　　によること
　　③ 話し言葉によるコミュニケーションを身に付けた上で書き言葉の指導に移ること。
・数学科の考え方
　学習支援の視点
　　① 取り出し指導ではできるだけ在籍学級での指導内容と合わせる。
　　② 計算指導（計算スキル）は大切だが、それだけでは不十分である。
　　③ どんな数学をどのような授業で学んできたかをつかむ。
　　④ 具体的な操作や活動を取り入れる。　⑤数学用語の背景をつかませる。
　　⑥ 教師が無意識に使っている数え方等を意識する。
　　⑦ ノート指導を徐々に行っていく。◎数学用語対訳一覧
・社会科の考え方
　学習支援の視点
　　① 生徒の社会生活経験や社会科の学習経験との関連付け。
　　② スモールステップの設定とキーワードの選定。
　　③「具体⇔抽象」をつなぐ半抽象物の利用。　④ワークシートの活用。
　　⑤ リソース（教材や教具等）の準備。
　　◎在籍学級での支援・取り出しの授業における支援　　◎社会科用語対訳一覧
・理科の考え方
　学習支援の視点
　　① 具体物の観察や操作を丁寧に行うこと。
　　② 授業を細かいステップにわけて展開すること。
　　③ 生徒が困難を経験しやすい日本語の問題に手厚い支援を用意しておくこと。
　　④ 経験を科学的な理解に結び付けていく活動を日本語で行うことを支援すること。
　　◎単元シート・ワークシート　　　◎理科用語対訳一覧

Q11. 日本語教室の整備

1、外国人児童生徒が楽しく日本語を学習できるような雰囲気を作りましょう。

（1）指導教室の名前
　ワールドルーム、レインボールーム、コスモスルーム、日本語ルーム、なかよしルーム、なのはなルーム、さくらルーム、世界を結ぶ部屋、国際理解ルーム、アップルルーム等
（2）書籍等
　日本語指導教材、教師用参考書、世界の国々の紹介、地域についての説明、やさしい日本の歴史、やさしい物語、図鑑、こども百科事典、辞書（日本語、漢字、言葉の使い方、和英・英和、母語との対訳）、地球儀、ジグソーパズル（地図等）カルタ、絵カード、文字カード、外国語の本、パソコンソフト
（3）機器・道具
　コンピュータ、CDラジカセ、電子辞書、漢字ゲーム、楽器（オルガン・ウッドブロック等）
（4）掲示物
　学校教育目標、日本語教室の目標、年間行事予定、ひらがな50音表、かたかな50音表、学年別漢字表、日課時程表、時間割表、外国人児童生徒の母語（挨拶、数字等）、掛け算九九表等

2、受入れる側の児童生徒も一緒に学べるような部屋作りをしましょう。
　　（国際理解）

　日本語教室を外国人児童生徒の日本語指導の部屋とするだけでなく、社会科や総合的な学習の時間の調べ学習等にも使って、国際理解教育の場とする。
（1）外国についての資料
　本、教科書、パンフレット、写真、絵、遊び道具、人形、民族衣装、民族楽器、お金、民族音楽のCD・テープ等
　※保護者に寄付を呼びかける。
　※紛失したり、壊したりしないように注意をする。
（2）机・椅子
　グループで調べ学習ができるように配置する。

Q12. 補助者との連携

指導に当たっては、次のようなことを補助者と話し合い、支援してもらうようにする。

・・・日本語指導補助者の皆さんへ・・・

1、母語と日本語の違いを知り、児童生徒のつまずきやすいところを明らかにして、支援しましょう。

言語の違いによる「母語の干渉」が見られ、なかなか習得できない場合が見られるので、文法や音声の学習をするときには、特に気をつけて支援する。例えば、文法の学習では、中国語や英語と日本語では語順が違う。音声では、清音と濁音の混同、「ウ」の発音、「ツ」と「ス」と「チュ」の区別、「シ」と「チ」の区別、「ウ」と「オ」の混同等がある。

ただし、あまり繰り返し注意をすると意欲をなくしてしまう場合があるので、あせらないようにする。

2、使い方によって意味が変わる言葉や具体物が提示できない言葉は、例をあげて母語で説明するようにしましょう。

日本語の場合、1つの言葉でも使われる状況で意味が違う場合があるので、児童生徒は混乱してしまう。例をあげて説明し、使い分けができるよう、ワークシート等を使ってまとめ、理解させるようにする。このワークシートはファイルしておき、「言葉の使い方辞典」として活用することもできる。また、絵やイラストを使ったり、手振り身振りをしたりして、移り変わりを母語で説明するのもよい。

3、日本語のレベルに合わせて、母語と日本語を使い分けて支援しましょう。

言葉の意味や文法を母語で説明することに学習時間の大部分を使ってしまうと日本語の学習が不十分になってしまうことがある。児童生徒は、母語で補助者に頼ってしまいがちなので、なかなか日本語を話すことができないこともある。母語が必要なのは初級とは限らず、中級・上級でも文法事項等の説明に母語が必要である。日本語のレベルに合わせて、必要な部分を母語で補助するというようにし、日本語力を高めていきたい。

また、児童生徒は、覚えた日本語と母語を混ぜて文を作ったり、会話したりすることがあるが、どちらの言語も正しく使えなくなってしまうので、注意しなければならない。

特に、臨界期（10歳前後）前に編入してきた児童は、母語が確立していないので、どちらを第1言語にするかによって、支援方法を検討する必要がある。

4、母語での問いかけを通して、子どもの学習の理解度を確認して、支援しましょう。

今まで、子どもがどこでつまずいているかが確認できず、効果的な学習支援を行うのが困難だった。母語で理解できているかを把握することで、先生につまずいているところを知らせたり、子どもに日本語でどう質問したらよいかを知らせたりして支援する。子どもは学習内容を理解することにより、自信を持つことができる。

5、教科学習で使われている言葉を理解して、支援するようにしましょう。

補助者としては、学習内容を理解していることより、「先生と児童生徒の思いをうまくつなげる」ことの方が大事だが、教科をサポートする際には、専門用語が必ず出てくるので、専門用語の意味・概念自体がわからないとうまく通訳できないことがある。例えば、算数の「〜以上」や「〜未満」の概念等があげられる。支援内容が決まったら、教科書に出ている意味の説明や日本語辞典を参考にノート等にまとめておくとよい。

6、子どもの日本語力に応じて、通訳する部分を調整して支援しましょう。

先生が言ったことを全て通訳するのではなく、サポートする子どもの日本語での理解・推測が可能なところは、日本語のままで伝える。子どもの日本語力のアップに伴い、徐々に母語での説明部分を減らしていくようにする。

7、母語で学習の仕方を知らせ、学習習慣が身につくよう、支援しましょう。

学習の準備、ノートのとり方、質問の仕方、辞書の引き方、パソコンによる学習等を母語で説明し、自分で学習することができるようする。補助者の支援は、児童生徒の日本語のレベルによって違うが、週に1〜2回程度である。支援できないときは、自分で学習を進めなければならない。そこで、学習の仕方を知らせ、宿題等もできるだけ自分の力でできるようにしたい。

日本語指導

Q13．教材（指導参考書・教具）

―直接指導法―

1、教材は、児童生徒の発達段階・日本語力のレベルによって選びましょう。

　外国人児童生徒が日本の学校生活に適応し、授業を理解するまでの日本語は、3つの段階に分けられる。
　第1段階は学校生活の基本的な事柄を理解させ、日本の生活習慣や学校生活への適応を図るための日本語指導、第2段階は学校生活を送る上で基本的に必要な日本語の力をつけさせるための日本語指導、第3段階は学習に必要な日本語指導である。楽しく、より正確に日本語を身につけるためには、次の5点に留意した教材が有効である。
　①発達段階や日本語力のレベルに合わせた教材　②学校生活を場面にした教材
　③聞く・話す・読む・書くという4技能を並行して学習できる教材
　④絵やイラストを取り入れた教材　⑤いろいろな活動やゲームを取り入れた教材
　今まで、文部科学省・都道府県教育委員会・市町村教育委員会・学校（大学）・地域関係者・ボランティア・出版社等で資料をそれぞれに作成し、参考になるものが多い。
　しかし、学校現場では、資料の存在を知らずに苦労して1から教材を作成したり、母語対応に追われたりしているのが現状である。
　日本語指導資料としては、直接指導法による日本語指導教材（ブック教材）、コンピュータによる日本語指導、文字の練習帳、文法練習帳、辞書等がある。
　＜辞書の使い方＞
　母語→日本語辞書……外国からきた子ども（小学校4年生以上ぐらいから）
　日本語→母語辞書……ローマ字表記が不統一なので、ひらがなで引くものが良い。
　　　　　　　　　　　単語翻訳と発音記号があるもの
　母語→英語、日本語→英語も中学生には有効である。
　その他……こどもにほんごじてん、こどもことば絵じてん、ことばつかいかた絵じてん、かんじ絵じてん

【資料19】　主な教材一覧 （直接指導法）

	教材名	内容	レベル	発行機関
1	にほんごをまなぼう 1・2・3	学校生活で必要とされる基本的な日本語。指導書、マルチメディア教材	初級 中級	文科省
2	ひろこさんのたのしいにほんご	楽しく、わかりやすく習得。指導書文字の練習帳、カード、CD	初級	根本　牧 屋代瑛子
3	たのしい　にほんご	日本語と日本文化を楽しみながら	初級	東京学芸大学海外

		学ぶ。指導書、CD、ワークブック		子女教育センター
4	日本語学級1・2・3	イラストでわかる初期の日本語会話と仮名、文型、小学校3年までの算数	初級	大蔵守久
5	かんじだいすき 1・2・3・4・5・6	小学校の学年ごとに習う漢字。イラストによる意味、使い方、練習	初級	国際日本語普及協会
6	にほんご　だいすき	テキスト、ワークブック、たんごのほん、教え方ガイド、れんご	初級	横浜国立大学日本語教育を考える会
7	みんなのにほんご	指導カリキュラム、ワークシート、練習。年齢と日本語レベル	初級	井上惠子

みんなのにほんご　　井上惠子

1．開発の意図

　外国人児童生徒の母語が多様化しているが、それぞれの媒介語付きの子ども向け教材はあまりない。たとえ見つけても、指導者が媒介語がわからないため、その教材を使って指導することができない。

　そこで、どこの国から来ても、担任が外国語を話せなくても使えるように、媒介語を使わない指導法（直接指導法）による教材を開発しようと考えた。

2．教材の特色

（1）帰国・外国人児童生徒のための直接指導法による日本語指導教材である。

　直接指導法を選んだのは、次の4つの理由からである。

　① 媒介語を使える指導者が少ない。

　② 編入してくる児童生徒の母語が様々である。

　③ 言葉が使われる状況下で、言葉の表す意味とを結びつけて示しながら教えるので、言葉の使い方を理解させることができる。

　④ 教師の発音を繰り返し聞くので、正しい音声を習得しやすい。

（2）教材は、日本語指導カリキュラム、ワークシート、練習の3部で、年齢と日本語レベル両面からも考えて、作成した。

（3）教材はそれぞれ50課で、聞く・話す・読む・書くの学習を並行して進め、1日1課を原則として作成した。ワークシート＝教科書で、B4サイズでコピーして使えるようにした。また、1課から順に学習するのではなく、児童生徒の実態に合わせて、必要なところを選んで学習できるように冊子にはしていない。

（4）一日の大半を過ごす学校生活についての題材を多く取り入れ、すぐに使えるようにした。題材例・・・がっこう、じかんわり、きゅうしょく、おんがくかい、しんたいそくてい、がっこうめぐり、きょうしつにあるもの、がっこうのいちねん、うんどうかい、こうそく、ぶかつ

（5） 年齢に合わせて学習内容、語彙、挿絵を工夫して作成した。

（6）指導書の指導上の留意点に「母国語の干渉」について記し、指導の手立てとした。

「みんなのにほんご」小学校低学年初級　指導カリキュラム　　作成　井上惠子

No.	主題	題材	目標	文字	新出語彙	理解のための文法・文型（教師）／表現のための文法・文型（児童）	資料・教具
1	学校生活／挨拶／名前／発音	あいさつ	・挨拶の言葉を知り、正しく発音することができる。 ・自分の名前、担任の先生の名前を言うことができる。		おはようございます こんにちは、こんばんは、さようなら ～せんせい、なまえ	私は～先生です。 日本語を教えます。	ワークシート1 名札
2	学校生活／学習用語／語彙	がっこう	・学校名、クラス名を言うことができる。 ・学習用語を知り、指示通りに動くことができる。		がっこう、～しょうがっこう、～ねん、～くみ、がっきゅう、きりつ、れい、ちゃくせき、いう、きく、かく	～してください。	ワークシート2 学級札
3	学校生活／ひらがな／発音／文字表記	あいうえおのうた	・ひらがなの表を見て、これから学習する文字について知る。 ・あ行のひらがなを読んだり、書いたりすることができる。	あ、い、う、え、お	ひらがな	読みましょう。 書きましょう。	ワークシート3 ひらがなの表
4	学校生活／学習用具／語彙・発音	きょうしつにあるもの	・教室内にある物の名前を言うことができる。 ・か行のひらがなを読んだり、書いたりすることができる。	か、き、く、け、こ	こくばん、チョーク、つくえ、いす、まど、でんき、とけい、ほん、ほんばこ、ランドセル、ロッカー、カーテン	これは～です。 ～はどこにありますか。	ワークシート4 実物
5	家庭生活／家族／語彙・発音	わたしのかぞく	・家族の言い方、名前を言うことができる。 ・自分の名前をなぞり書きできる。		おとうさん、おかあさん、おじいさん、おばあさん、おにいさん、おねえさん、おとうと、いもうと、ぼく、わたし	～の名前は何といいますか。 わたしは～です。 ぼくは～です。	ワークシート5
6	学校生活／日課時程／語彙	じかんわり	・学校の一日の流れを知る。 ・教科の名前、学習内容について知る。 ・さ行のひらがなを読んだり、書いたりすることができる。	さ、し、す、せ、そ	とうこう、げたばこ、じかんわり、～じかんめ、やすみじかん、そうじ、きゅうしょく、げこう、こくご、さんすう、しゃかい、りか、せいかつ、おんがく、ずこう、たいいく	～時から～時までは～です。	ワークシート6 教科書 時間割表

7	学校生活 学校施設 語彙	がっこうめぐり	・学校めぐりをして、校舎の名前や特別室の名前を知り、言うことができる。 ・学校で働いている人に挨拶することができる。		～とう、～かい、こうちょうしつ、しょくいんしつ、ほけんしつ、じむしつ、りかしつ、おんがくしつ、たいいくかん、～さん、よろしくおねがいします	ここは～です。 あいさつをしましょう。 よろしくおねがいします。	ワークシート7 校舎案内図
8	学校生活 数字 文字表記 発音	すうじ	・1～10までの数の読み方を知り、書くことができる。 ・た行のひらがなを読んだり、書いたりすることができる。	1、2、3、4、5、6、7、8、9、10 た、ち、つ、て、と	さいころ、ふるすうじ、かぞえる	いくつですか。	ワークシート8 さいころ おはじき
9	家庭生活 体 語彙	からだ	・体に関係のある言葉を言うことができる。 ・音楽に合わせて身体表現をすることができる。		あたま、くび、かた、うで、て、ゆび、はら、へそ、あし、つめ、け、かお、みみ、め、はな、くち、は、いたい、たたく、ふむ、わらう、おこる	歌いながら、体を動かしましょう。 ～がいたいです。	ワークシート9 福笑い CD（テープ）
10	家庭生活 一日の生活 語彙 文字表記	いちにちのせいかつ	・一日の生活を振り返り、生活用語を言うことができる。 ・な行のひらがなを読んだり、書いたりすることができる。	な、に、ぬ、ね、の	おきる、あらう、みがく、ふく、きる、ごはん、たべる、いく、テレビ、みる、しゅくだい、やる、ふろ、はいる、ねる	何をしますか。 ～をします。	ワークシート10
11	家庭生活 色や形 語彙 文字表記	いろやかたち	・色や形を表す言葉を知り、物の様子を言い表すことができる。 ・は行のひらがなを読んだり、書いたりすることができる。	は、ひ、ふ、へ、ほ	あか、しろ、みどり、きいろ、きみどり、だいだい、ももいろ、むらさき、あお、くろ、みずいろ、ちゃいろ、まる、さんかく、しかく	色をぬりましょう。 ～は～いろです。	ワークシート11 色鉛筆 色板
12	家庭生活 月日や季節 語彙・文法	カレンダー	・月日、曜日、季節の言い方を知り、言うことができる。 ・きのう、きょう、あしたの月日、曜日を言うことができる。		1がつ～12がつ にちようび～どようび、はる、なつ、あき、ふゆ、きのう、きょう、あした	今日は～月～日ですか。 何曜日ですか。 ～は～がつ～にちです。	ワークシート12 カレンダー

日本語指導

13	学校生活 給食 語彙 文字表記	きゅうしょく	・給食に関する言葉を知り、言うことができる。 ・ま行のひらがなを読んだり、書いたりすることができる。	ま、み、む、め、も	パン、ぎゅうにゅう、おかず、とうばん、はくい、こんだて、くばる、のむ、かたづけ、おかわり、のこす、はし、スプーン	きゅうしょくは好きですか。 きょうのこんだては～と～です。	ワークシート13 給食の食器 献立表
14	学校生活 上位概念 語彙 文字表記	ことばあつめ	・同じ仲間の言葉を一つの表題でまとめることができる。 ・や行のひらがなを読んだり、書いたりすることができる。	や、ゆ、よ	さかな、くだもの、がっき、くつ、なかま	仲間をさがしましょう。	ワークシート14 絵カード
15	学校生活 学校行事 語彙	がっこうのいちねん	・学校行事について知り、積極的に参加しようとする気持ちをもつ。		にゅうがくしき、えんそく、うんどうかい、しゅうかい、しゅうかくさい、そつぎょうしき	～月には～があります。	ワークシート15 写真・ビデオ
16	家庭生活 天候 語彙・文字表記	てんき	・天気について話すことができる。 ・ら行のひらがなを読んだり、書いたりすることができる。	ら、り、る、れ、ろ	はれ、あめ、くもり、ゆき、かぜ、あつい、さむい、あたたかい、すずしい、てんき	テープを聞きましょう。 ～のてんきは～です。	ワークシート16 天気予報のテープ
17	学校生活 動詞 語彙	いすとりゲーム	・動きを表す言葉を知り、身体表現をすることができる。 ・いすとりゲームの仕方を覚え、楽しくゲームをすることができる。		すわる、はねる、たつ、とぶ、とまる、あるく、はしる	音楽がとまったら、いすにすわりましょう。	ワークシート17 いす 音楽
18	家庭生活 折り紙制作 語彙	おりがみ	・折り紙で動物を折り、動物園を作ることができる。		ライオン、とら、さい、きりん、ぞう、かば、つる	①から順に折りましょう。	ワークシート18 折り紙、画用紙
19	学校生活 促音 発音 文字表記	ねことねっこ	・促音を正しく読んだり、書いたりすることができる。 ・「しっぽのやくめ」を視写することができる。		しっぽ、ねっこ、きっぷ、きって	小さい「っ」も一拍として数えましょう。	ワークシート19 ウッドブロック

20	家庭生活 時刻 語彙 文字表記	とけい	・時刻をよむことができる。 ・ひらがなの「わ・を・ん」を読んだり、書いたりすることができる。	わ、を、ん	じ、ふん（ぷん） はん、いま	何時ですか。 時計の針をあわせましょう。 いま、〜じ〜ふん（ぷん）です。	ワークシート20 時計模型
21	学校生活 かたかな 文字表記	おんがくかい	・かたかなのつかい方を知り、文章を読むことができる。 ・ア行のかたかなを読んだり、書いたりすることができる。	ア、イ、ウ、エ、オ	ピアノ、バイオリン、チェロ、トランペット、プログラム、モーツァルト	〜の時にかたかなをつかいます。	ワークシート21 カタカナの表
22	学校生活 拗音 文字表記 発音	うんどうかい	・拗音を正しく読んだり、書いたりすることができる。 ・運動会の様子を読み取ることができる。	ゃ、ゅ、ょ	しゅっぱつ、しゃしん、よおい、ドン、かつ、つなひき、よいしょ	小さい字に気をつけて読みましょう。	ワークシート22
23	家庭生活 家の様子 語彙 文字表記	わたしのいえ	・家の中や周りの様子を話すことができる。 ・カ行のかたかなを読んだり、書いたりすることができる。	カ、キ、ク、ケ、コ	げんかん、もん、いま、にわ、しょくどう、しゃこ、だいどころ、〜のへや、トイレ、ふろば	あなたの家の絵をかきましょう。	ワークシート23
24	学校生活 長音 発音 文字表記	おじいさんとおじさん	・長音を正しく読んだり、書いたりすることができる。		ふうせん、りょうり、けいさつ、ちゅうしゃ、ろうそく、ちょうちょ、きゅうり、おおかみ	〜行ののばす音は〜と書きます。	ワークシート24
25	学校生活 言葉遊び 語彙 文字表記	しりとりあそび	・言葉遊びを通して、語彙を増やすことができる。 ・サ行のかたかなを読んだり、書いたりすることができる。	サ、シ、ス、セ、ソ	すずめ、からす、すいか、めがね、うし、しまうま、ねずみ、まり	一番最後の字のつく言葉をさがしましょう。	ワークシート25
26	家庭生活 買物 語彙	おみせやさん	・1円〜1000円までの値段を書いて表すことができる。 ・買物をする時に使う言葉を知り、やりとりができる。		さかなや、えん、おつり、やおや、いくら、たかい、ほんや、やすい、スーパー、ください、いらっしゃい、まいど、ありがとう	〜はどこに売っていますか。 お店屋さんごっこをしましょう。 〜ください。いくらですか。 ありがとうございました。	ワークシート26 おもちゃのお金

日本語指導

27	学校生活 濁音 文字表記 発音	てんてんでへんしん	・濁音を正しく読んだり、書いたりすることができる。	が、ぎ、ぐ、げ、ご、ざ、じ、ず、ぜ、ぞ、だ、ぢ、づ、で、ど、ば、び、ぶ、べ、ぼ	ざる、さる、ふた、ぶた、はら、ばら、かき、かぎ、か、が	てんてんをつけるとちがう言葉になります。	ワークシート27
28	学校生活 助詞 文法 文字表記	はとへ	・~はの時は「わ」、~への時は「え」と発音し、短文を作ることができる。・タ行のかたかなを読んだり、書いたりすることができる。	タ、チ、ツ、テ、ト	こうえん、ようちえん、ぎんこう、かいしゃ、えき	文を作りましょう。 ~は~へいきます。	ワークシート28
29	学校生活 撥音 半濁音 発音 文字表記	あんぱん	・撥音・半濁音を読んだり、書いたりすることができる。	ぱ、ぴ、ぷ、ぺ、ぽ	あんぱん、ピアノ、パイナップル、プロペラ、しっぽ	口の形に気をつけて、はねる音・はじける音を言いましょう。	ワークシート29
30	家庭生活 依頼 文法 文字表記	おつかい	・依頼する時の言い方を知り、用件を正しく聞いて、おつかいをすることができる。・ナ行のかたかなを読んだり、書いたりすることができる。	ナ、ニ、ヌ、ネ、ノ	がようし、プリント、てがみ	~をしてください。	ワークシート30 メモ用紙
31	学校生活 助数詞 語彙	かぞえかた	・助数詞の使い方を知り、物にあった数え方ができる。		ほん(ぼん、ぽん)ひき(びき、ぴき)まい、さつ、こ、ひとつ、ふたつ、みっつ、よっつ、いつつ、むっつ、ななつ、やっつ、ここのつ、とお	何~ありますか。数えましょう。 ~が~あります。	ワークシート31 実物 算数セット
32	学校生活 位置 語彙・文法	いろいろなばしょ	・位置を表す言葉を知り、つかうことができる。・ハ行のかたかなを読んだり、書いたりすることができる。	ハ、ヒ、フ、ヘ、ホ	これ、それ、あれ、どれ、ここ、そこ、あそこ、どこ、この、その、あの、どの、うえ、なか、した、みぎ、ひだり	~はどれですか。どこにありますか。 ~です。 ~にあります。	ワークシート32

33	学校生活 修飾語 語彙・文法	かざりこ とば	・様子を表す言葉を知り、かざりことばの本を作ることができる。		おおきい、ちいさい かわいい、くろい かざりことば	かざりことばの本を作りましょう。 ～いぬです。	ワークシート 33 画用紙 色鉛筆
34	学校生活 疑問 否定 文法 文字表記	たずねる いいかた	・疑問、否定を表す言葉を知り、やりとりができる。 ・マ行のかたかなを読んだり、書いたりすることができる。	マ、ミ ム、メ モ	かさ、ながぐつ、はい、いいえ、なん（なに）、～ですか、そうちがう	これは～ですか。 これは何ですか。 これは～です。 これは～ではありません。 はい、そうです。 いいえ、ちがいます。	ワークシート 34 絵カード
35	学校生活 反対語 語彙 文字表記	はんたい ことば	・反対の意味をもつ言葉を知り、つかうことができる。 ・かたかなのヤ、ユ、ヨ、ワ、ヲ、ンを読んだり、書いたりすることができる。	ヤ、ユ ヨ、ワ ヲ、ン	ながい、みじかい、あさい、ふかい、ひろい、せまい、おおい、すくない、たかい、ひくい	反対の言葉を見つけましょう。 ～のはんたいは～です。	ワークシート 35
36	家庭生活 過去 句読点 会話文 文法・作文	きのうの こと	・過去の表し方がわかり、文章を書くことができる。 ・句読点を正しく打つことができる。 ・会話の部分をかぎ「 」をつかって書くことができる。		てん まる かぎ	きのう、何をしましたか。 きのう、わたしは～をしました。 「　　　　　」	ワークシート 36
37	学校生活 比較 文法 文字表記	どっちが すき	・比較の表し方を知り、自分の意見を言うことができる。 ・ラ行のかたかなを読んだり、書いたりすることができる。	ラ、リ ル、レ ロ	どっち、どちら すき、ほう、きらい	どちらが～ですか。 ～のほうが～です。	ワークシート 37
38	学校生活 漢字の成り立ち 文字表記	かんじ	・漢字（象形文字）の成り立ちを知り、漢字に対して関心を持つことができる。	山、川 木、日 火	かんじ、できる	絵から漢字ができました。 他にもさがしてみましょう。	ワークシート 38

日本語指導

39	家庭生活 希望 未来 文法、作文 文字表記	大きくなったら	・希望や未来の表し方を知り、自分の将来のことを書くことができる。 ・漢字を読んだり、書いたりすることができる。	大、中小	～たら ～なりたい ～だろう	大きくなったら何になりたいですか。 ～たら ～なりたい ～だろう	ワークシート39
40	学校生活 言葉遊び 語彙	カルタあそび	・読み手が読むのをよく聞いて、カルタをとることができる。		カルタ、とる	よく聞いてカルタをとりましょう。	ワークシート40 カルタ
41	学校生活 言葉遊び 語彙 文字表記	つなぎうた	・一つの言葉からいろいろと想像し、「つなぎうた」をつくることができる。	月、水金	つなぐ、またとうふ、しろい、うさぎ	つなぎうたをつくりましょう。 ～は～	ワークシート41
42	家庭生活 電話 発音・語彙	でんわ	・電話のかけ方、受け方がわかり、おもちゃの電話を使ってやりとりをすることができる。 ・連絡事項を聞き取り、次の人に正しく伝えることができる。		もしもし すこしおまちくださいい れんらくもう でんわ、でんわばんごう	電話をかける練習をしましょう。 ～さんですか。 ～さんおねがいします。	ワークシート42 おもちゃの電話 連絡網
43	家庭生活 存在 文法 文字表記	あるといる	・存在の表し方を知り、「あるといる」をつかい分けることができる。 ・漢字を読んだり、書いたりすることができる。	一、二三、四五	じてんしゃ あかちゃん バナナ ケーキ	～がある（あります） ～がいる（います）	ワークシート43 絵カード
44	家庭生活 作文	まんが	・四コマ漫画の絵を見て、吹き出しに言葉を書くことができる。		まんが	絵を見て、下にお話を書きましょう。	ワークシート44
45	学校生活 読解 語彙 文字表記	うさぎとかめ	・短い話を読み、あらすじをつかむことができる。 ・漢字を読んだり、書いたりすることができる。	六、七八、九十	うさぎ、かめ、きょうそう、はやい、のろい	どんなお話でしたか。	ワークシート45

46	家庭生活 行事 語彙	にほんの ぎょうじ	・日本の年中行事について知り、日本文化に関心を持つことができる。		おしょう月、ひなまつり、子どもの日、たなばた、じゅうごや、あきまつり、七五三、大みそか	日本では～に～をします。	ワークシート 46 行事のビデオ
47	家庭生活 手紙 文字表記 語彙・作文	てがみ	・日本の郵便制度について知り、友達や親戚の人に手紙を書くことができる。 ・漢字を読んだり、書いたりすることができる。	右、左	ポスト、ふうとう、びんせん、はがき、だす、ゆうびんきょく、げんき	葉書を書いてだしましょう。 ～さん、おげんきですか。	ワークシート 47 葉書
48	家庭生活 授受 文法	たんじょうかい	・授受の表し方を知り、つかうことができる。 ・誕生会の様子を読み取ることができる。		たんじょう日、たんじょうかい、プレゼント、あげる、もらう	誕生日はいつですか。 プレゼントをもらったことがありますか。 ～に～をあげる、～をもらう	ワークシート 48
49	学校生活 敬語 文法 文字表記	ていねい なことば	・敬語のつかい方を知り、会話することができる。 ・漢字を読んだり、書いたりすることができる。	上、下	ます、お、ご、ていねい	友達と話す時と先生と話す時の言い方はどう違いますか。 お～、ご～	ワークシート 49
50	学校生活 創作 作文	かみしばい	・4枚の絵をみて、物語を創作し、紙芝居を仕上げることができる。		かみしばい ひきぬく	紙芝居を作りましょう。	ワークシート 50 画用紙 色鉛筆

日本語指導

「みんなのにほんご」小学校低学年中級　指導カリキュラム　　作成　井上惠子

No.	主題	題材	目標	文字	新出語彙	理解のための文法・文型（教師）／表現のための文法・文型（児童）	資料・教具
1	学校生活／語彙の拡大／語彙	ことばあそび	・回文などの言葉のおもしろさに目を向け、語彙を拡大することができる。		トマト、しんぶんし、なま、むぎ、こめ、はやくちことば	上から読んでも下から読んでもなるべく、はやく言いましょう。	ワークシート1
2	学校生活／様態／文法	本をよんでます。	・現在進行している様子について言い表すことができる。・漢字を読んだり、書いたりすることができる。	目、耳、口	およぐ、けんか、ひく、ふく、ふえ	何をしていますか。／〜しています。	ワークシート2
3	学校生活／文学的文章／読解	ピーターラビットのおはなし	・いたずらっ子ピーターラビットの行動を読み取ることができる。		いたずら、あみ、おひゃくしょう、レタス、さやいんげん、パセリ、はつかだいこん、はたけ	どんないたずらをしましたか。	ワークシート3
4	学校生活／許可／禁止／文法	トイレにいってもいいですか。	・許可、禁止の言い方を知り、つかうことができる。		トイレ、のむ、しゃしん、とる、タバコ、すう	〜してもいいですか。	ワークシート4
5	学校生活／追いかけ歌／聴解	おいかけうた	・動詞を正確に聞き取り、追いかけ歌を歌うことができる。		もり、であう、ところが、かいがら、イヤリング、しま	先生の歌ったとおりに、後から歌いましょう。	ワークシート5
6	家庭生活／比較／文法	ふじ山が一ばんたかい山です。	・3つ以上のものを比較して、最も特徴的なものを選び、言い表すことができる。・漢字を読んだり、書いたりすることができる。	手、足、毛	一ばん、せ	どれが一番〜ですか。／〜が一番〜です。	ワークシート6

7	家庭生活	しゅくだいをして、おふろにはいってねました。	・2つあるいはそれ以上の動作が順に行われる時の言い表し方ができる。		ジェットコースター、ボート	次に何をしましたか。 ～て、～て	ワークシート7
	順次動作						
	文法						
8	家庭生活	いえからがっこうまで10ぷんです。	・時間や場所についての発着の言い表し方ができる。 ・漢字を読んだり、書いたりすることができる。	赤、青、白	～から～まで ぎんこう デパート	～から～まで	ワークシート8
	発着						
	文法						
9	家庭生活	じゃんけん	・じゃんけんの仕方について知り、遊ぶことができる。 ・外国のじゃんけんについても知り、遊ぶことができる。(ぞうけんなど)		じゃんけん、あいこ、ひと、あり	どっちが勝ちですか。	ワークシート9
	説明的文章						
	読解						
10	家庭生活	ひこうきにのったことがあります。	・経験を表す言い方ができる。		ひこうき、スキー、じゅうどう	今まで、どんなことをしたことがありますか。 ～したことがある。	ワークシート10
	経験						
	文法						
11	家庭生活	やくそく	・待ち合わせをする時の約束を聞き取ることができる。		やくそく、まつ、まにあう、おくれる	いつ、どこで、だれとやくそくしましたか。	ワークシート11
	約束						
	聴解						
12	家庭生活	テレビをみながらごはんをたべます。	・違う動作を同時にする時の言い表し方ができる。		ラジオ、CD、かんがえる	～ながら	ワークシート12
	同時進行						
	文法						

日本語指導

13	学校生活 複合語 語彙 文字表記	あわせことば	・2つ以上の言葉を合わせて1つの言葉にすることができる。 ・漢字を読んだり、書いたりすることができる。	魚、犬虫	あわせる、たけうま、とびばこ、えんぴつけずり、白くま、あま水、もちあげる、	あわせて1つの言葉にしましょう。 ～と～をあわせると～になります。	ワークシート 13
14	学校生活 文学的文章 読解	どろんこハリー	・遊ぶことの好きな白い犬ハリーの行動の様子を読み取ることができる。		ぶち、ブラシ、くわえる、すす、せきたん、こうじ、よごれる、くたびれる	ハリーのしたことを順に言いましょう。	ワークシート 14
15	学校生活 道案内 聴解	たからさがし	・宝のありかをききとり、絵地図の上で道案内することができる。		たから、かくす、みつける、もんだい、～ぽ、さがす	宝さがしをしましょう。 問題をよく聞いてからやりましょう。	ワークシート 15
16	家庭生活 原因 理由 文法	かぜをひいたので、がっこうをやすみました。	・原因、理由を表すことができる。 ・漢字を読んだり、書いたりすることができる。	男、女子	かぜ、やすむ、ちこく	どうして～したのですか。 ～ので	ワークシート 16
17	学校生活 文学的文章 読解	いたずらきかんしゃちゅうちゅう	・ちゅうちゅうの冒険の様子を読み取ることができる。		いたずら、きかんしゃ、コーヒー、ふみきり、きゃくしゃ、かしゃ	どんないたずらをしましたか。	ワークシート 17
18	学校生活 並列 文法	べんきょうしたり、あそんだりします。	・並列の言い表し方ができる。		えいが	～たり、～たりする	ワークシート 18

19	学校生活 語彙の拡大 文字表記 語彙	なぞなぞ	・なぞなぞを解くことにより、語彙を増やすことができる。		なぞなぞ、なあに	問題をよく読んで考えましょう。	ワークシート19
20	家庭生活 料理の注文 語彙 文字表記	レストラン	・レストランで注文する時のやりとりができる。		レストラン、ちゅうもん、のみもの、デザート	何にしますか。 〜をください。 〜にしてください。	ワークシート20
21	学校生活 条件 文法	あめならやりません	・順接条件の言い表し方ができる。 ・漢字を読んだり、書いたりすることができる。	花、草、林	〜なら	もし〜なら〜しません。	ワークシート21
22	学校生活 文学的文章 読解	ぐりとぐら	・野ねずみのぐりとぐらがカステラづくりをする場面を読み取ることができる。		ノネズミ、ドングリ、クリ、ひろう、まん中、カステラ、バター、ボール、やく、から	どんなお話でしたか。	ワークシート22
23	家庭生活 様態 文法	おいしそうなケーキです。	・様子を表す言い方ができる。		〜そうな、おいしい	〜そうな	ワークシート23
24	学校生活 聞き取り 聴解	ききとりゲーム	・伝言ゲームなどのゲームを通して、音の違いを聞き分けることができる。		でんごん、しおり、水とう、もちもの	聞いたとおりに次の人に言いましょう。	ワークシート24
25	学校生活 語彙 文字表記	へんとつくり	・漢字の構成部分のへんとつくりの言い方を知り、漢字を仲間分けすることができる。		へん、つくり、わける	仲間分けをしましょう。 〜でできています。	ワークシート25

日本語指導

26	学校生活 文学的文章 読解	大きなかぶ	・大きなかぶを抜こうと力を合わせる家族や動物たちの様子を読みとることができる。		かぶ、ぬく、ひっぱる、まご、まだまだ、やっと	次にだれを呼んできましたか。	ワークシート26
27	家庭生活 伝聞 文法	ゆきがふるそうです。	・聞いたことを他の人に言う時の言い表し方ができる。 ・漢字を読んだり、書いたりすることができる。	出、入 人	そうです	〜聞いたことを伝える場合は 〜そうです。	ワークシート27
28	学校生活 文学的文章 読解	三びきの子ぶた	・三匹の子ぶたとおおかみのやりとりを読みとることができる。		わら、ふきとばす、えだ、れんが、えんとつ、なべ	〜はどんな家をたてましたか。	ワークシート28
29	家庭生活 病院での会話 聴解	びょういん	・病院で医者とやりとりができる。		びょういん、うけつけ、しんさつ、くすり	どこが悪いですか。 次にどこへ行きますか。	ワークシート29
30	学校生活 目的 文法・語彙	わすれものをしないようにしましょう。	・目的を表す言い方ができる。 ・漢字を読んだり、書いたりすることができる。	父、母 先、生	〜しないように、わすれもの、ねぼう、めざましどけい	今までに失敗したことはありませんか。 どうしたらいいですか。 〜しないように	ワークシート30
31	学校生活 筆順 文法・語彙	かきじゅん	・筆順の決まりを知り、漢字を正しく書くことができる。		たて、よこ、まん中 はらい、ななめ	〜のきまりがあります。 〜から〜へ	ワークシート31
32	学校生活 受身 文法	先生にほめられました。	・受身を表す言い方ができる。		ほめる、おこる、かける	〜られる 〜れる	ワークシート32

#	分類	タイトル	目標	漢字	語彙	表現	教材
33	学校生活 文学的文章 読解	小さいおうち	・家を擬人化することによって、時の流れと環境の変化を読み取ることができる。		いなか、しあわせ、ひなぎく、おか、のはら、ひっこし	どうかわりましたか。 ～に分けて書きましょう。	ワークシート33
34	家庭生活 状態 文法	いま、じどうしゃがはしをわたるところです。	・直前、最中、直後の様子を表すことができる。 ・漢字を読んだり、書いたりすることができる。	見、読、聞、書	じどうしゃ、はし、～ところ	今～る、～ている、～たところです。 ～るところ ～しているところ ～たところ	ワークシート34
35	学校生活 質問 聴解	なまえあてゲーム	・人物について質問し、その人物がだれであるかを言うことができる。		だれ、いきる、しぬ、しごと、くに	～ですか。～しか言ってはいけません ～ですか。～ですか。	ワークシート35
36	学校生活 義務 文法	べんきょうをしなければなりません。	・義務感、当然すべきであると期待されていることを確認する言い方ができる。 ・漢字を読んだり、書いたりすることができる。	春、夏、秋、冬	～ければなりません、テスト	～しなければなりません。	ワークシート36
37	学校生活 語彙の拡大 語彙 文字表記	パズル	・言葉を使ったいろいろなパズルを解くことができる。		パズル	あいているところに文字を入れましょう。	ワークシート37
38	学校生活 文学的文章 読解	さるとかに	・日本の昔話の語り口のおもしろさを味わいながら、あらすじをつかむことができる。		かき、たね、うす、ふん、いろり、はい、むしろ	～はどうなりましたか。	ワークシート38

39	家庭生活 旅行の計画 聴解	りょこう	・宿泊先や交通機関の人とやりとりすることにより、旅行の計画をたてることができる。		りょこう、しゅっぱつ、とうちゃく、ホテル	～は～ですか。 どの位かかりますか。	ワークシート39
40	学校生活 接続詞 文法	つなぎことば	・2つの文の関係を考え、接続詞をつかって文をつなぐことができる。 ・漢字を読んだり、書いたりすることができる。	兄、姉弟、妹	つなぐ、しかし、だから、けれども、いみ	～の時は～をつかいます。	ワークシート40
41	家庭生活 説明的文章 読解	すもう	・日本の伝統的なスポーツであるすもうについて、関心をもつことができる。		すもう、ぎょうじ、どひょう、ぐんばい、よこづな	～を知っていますか。 どうすれば勝ちですか。	ワークシート41
42	学校生活 推定 文法	さがせばあるはずです。	・確かな推定の言い表し方ができる。		はず、でんち、でんきや、さがす	～はずです。	ワークシート42
43	学校生活 漢字 語彙 文字表記	かんじのすごろく	・漢字を使ったすごろくをすることにより、楽しく漢字を覚えることができる。		ふりだし、あがり、もどる、1かいやすみ		ワークシート43
44	学校生活 インタビュー 聴解	インタビュー	・テーマを決め、何人かに質問し、答えを聞き取ることができる。		インタビュー、しつもん、こたえ	～さんに～について質問しましょう。	ワークシート44
45	家庭生活 予定 文法	ゆうえんちへいくつもりです。	・予定を表す言い方ができる。 ・漢字を読んだり、書いたりすることができる。	東、西南、北	ゆうえんち、つもり	どんな予定ですか。 ～するつもりです。	ワークシート45

46	学校生活 文学的文章 読解	スイミー	・小さな魚たちが力を合わせて、集団の力で大きな魚を追い払うという優れた知恵と勇気を読み取ることができる。	マグロ、そこ、くらげ、いせえび、こんぶ、わかめ、いそぎんちゃく、おしえる、こんぶ、もちば	スイミーはどうやってマグロを追い払いましたか。	ワークシート46
47	学校生活 条件 文法	雨がふってもえんそくにいきます。	・条件の表現（逆接条件）の言い表し方ができる。	サッカー、山のぼり、～ても	ふつうだったら～しない時でも ～ても	ワークシート47
48	家庭生活 ニュースの概要 聴解	ニュース	・スポーツニュースの概要を聞き取ることができる。	スポーツ、やきゅう、ホームラン	大事なことをメモしながら聞きましょう。	ワークシート48
49	学校生活 敬語 文法	ていねいなことば	・目上の人に対する尊敬・謙譲を表す言い方ができる。	さしあげる、いただく、くださる、いらっしゃる	友達と先生に対する言葉を使い分けましょう。 ～にさしあげる、いらっしゃる～いただく	ワークシート49
50	家庭生活 説明的文章 読解	しんかんせん	・新幹線の運行状況、性能について読み取ることができる。	しんかんせん、じそく、ちょうとっきゅう、とうかいどう、とうほく	～はどの位ですか。 ～から～まで走っています。	ワークシート50

【資料20】　日本語学習指導案　指導者　井上惠子

1．題材名　あわせことば（複合語）

2．題材について

　日本語学習者の「単語力」を増すためには、新しい言葉がどのようにしてできるのかということを知り、規則としてわからせることが重要な事である。また、初めて出合った言葉でも、その言葉の成分が分かるか、あるいは今までに習った言葉と何らかの関係があるということがわかれば、系統的にその言葉の意味がかなり正確に理解できると思われる。ここでは、合成語（複合語、畳語、派生語）の中でも、基本であり、頻度の高い『複合語（従属構造）』を取り上げて指導し、語彙の拡大を図りたいと考える。

　日本語の複合語の学習は、英語や中国語の複合語に比べて作り方が込み入っているので、学習者にとって困難な学習の一つである。例えば、「耳かき」のことを英語で「ｅａｒｐｉｃｋ」、「爪楊枝」のことを「ｔｏｏｔｈｐｉｃｋ」というが、「ｅａｒ」「ｔｏｏｔｈ」という名詞と「ｐｉｃｋ」（つつく）という動詞からできているので、どちらかを習えばもう片方が何を指すかは推測できる。中国語の場合でも、そのまま合わせて複合語が作られている。それに対し、日本語の場合は、そのまま合わせたものもあるが、連濁を起こしたり、動詞の連用形が名詞化したり、形容詞の語幹と名詞を合わせたりするので、戸惑いが多いのである。

　そこで、語構成を①名詞＋名詞、②名詞＋動詞、③動詞＋名詞、④形容詞＋名詞、⑤動詞＋動詞の5つのグループとして、語変化をわかりやすいようにする。また、ワークシートの例としての複合語はやさしい語を選び、挿絵からすぐにわかるようにし、複合語の成分分析へと結びつけていけるように指導していきたいと考える。

3．児童の実態

＜生育歴＞

　北京に生まれ、9歳8カ月まで北京で育つ。両親共に日本での留学経験を持ち、父親が日本企業に就職したため、来日した。すぐにY市内の小学校に編入したが、父親の転勤で、本校に転入してきた。現在、11歳、5年生に在籍している。

＜日本語力＞

　Y市の学校では、帰国子女専任と担任から日本語の特別指導を受けていたので、本校に転校してきたときは、ひらがな・かたかな・少しの漢字を読み書きすることができた。しかし、授業についていくことは困難なので、週5時間、日本語指導教室での指導として、「たのしいにほんご」を使い、学校生活、生活用語、文法指導、読解、聴解指導を行った。その結果、教師や友達との会話において、不自由はなくなってきた。しかし、作文を書いたり、説明をしたりすると文法・発音・表記に間違いが目立つ。特に、母語である中国語の干渉とみられる間違いは、繰り返し指導し、改善していかなければならない。

＜事前調査＞

　　○調査1　　作文（生活ノート　6月26日）

①字数　406字、語彙数76、漢字数40字、かたかな語4、名詞20、動詞14
　　形容詞4、副詞4、接続詞3、助詞6、複合語5
②誤用
　・文字表記
　　仕事をやっりました　　しょうがなくで　　トタトを　　つきは　　ほうちょ
　　わたしたし　　おもしろがった
　・文法
　　やっていますので・・・洗う係りでした
　まるで・・・と考えていたのかもしれない
　新しい仕事をみつかりました
　読点と句点の間違い
＜考察＞
　書く内容・順序を考え、自分の書きたいことを素直に表現している。複合語は、野菜サラダ、家庭科室、大さわぎ、三角きん、まわってきたの5つが正しく使われていた。
　誤用分析では、清濁の区別を表記するのが難しいため、濁点のつけかたの間違いが目立った。本学習での濁音化して複合語を作るとき、発音と表記を合わせながら指導していこうと思う。
〇調査2　複合語についてのテスト
　①複合語をつくる・・・5問中4問正答
　　正答　色＋えんぴつ＝色えんぴつ
　　　　　つな＋ひく＝つなひき　　青い＋空＝青空
　　　　　あるく＋まわる＝あるきまわる
　　語答　金（かね）＋もの＝かねもの
　②複合語の成分・・・・5問中3問正答
　　正答　やさいばたけ＝やさい＋はたけ　　魚つり＝魚＋つる
　　　　　長そで＝長い＋そで
　　誤答　こむぎこ＝こな＋むぎ
　　　　　つくりなおす＝つくり＋なおる
＜考察＞
　連濁、形容詞の語幹＋名詞は語彙がやさしかったこともあるが、よくできていた。本時では、もう少し難しい語彙を取り上げ、確認しながら指導していきたい。音便化する複合語についてはできていなかったので、発音に気をつけさせ、定着を図りたい。
　母語の干渉としては、中国語で複合語を作る時はそのまま作ることが多いので、連濁・名詞化のような変化をしないで複合語を作ってしまうことがあげられる。また、中国語には日本語のようなはっきりした濁音がなく、有気音・無気音という発音するときに息があまり出ないか、多く出るかで区別する。そのため、日本語の有気音と無気音を区別することができないので、連濁を起こす複合語の場合が難しいと思われる。

5．本時の指導

（1）目標
- 2つ以上の言葉を合わせて、複合語をつくることができる。
- 漢字を読んだり、書いたりすることができる。

（2）展開

過程	児童の活動	教師の支援	資料教具
導入	1．学習のめあてをつかむ。 『あわせことば』	・「合わせるとどうなるかな」という問いかけをし、パズル感覚で興味をもって取り組ませるようにする。	ワークシート⑬
展開	2．あわせことばをつくる。 ・（名詞＋名詞） 　そのまま、濁音になる 　音便 ・（動詞＋名詞） 　音便 ・（名詞＋動詞） 　名詞化 ・（形容詞＋名詞） 　動詞化 ・（動詞＋動詞） 　音便	・中国語は複合語を作る時、連濁等の語変化が見られないので、特に注意するよう促す。 →そのまま合わせてしまう 　例　あめみず →濁音にする時、濁音・清音の区別がつかないので、表記する際、濁点をつけてしまう 　例　なわどひ 　　　なわどび	
	3．複合語の成分を考え、仲間分けをする。 ・たけうま、ほんばこ 　あまみず ・とびばこ ・えんぴつけずり ・もちあげる ・しろくま	・成分分析をしたら、名詞→赤 動詞→青、形容詞→黄色のシールを貼ってから、仲間分けさせるようにする。 名詞・・・なまえのことば 動詞・・・うごくことば 形容詞・・かざりことば	
	4．あわせことばを見つける。 ・こくばんけし、まどガラス、ほんだな、けしゴム　なわとび、たきび等	・見つけたら、けしゴム＝けす＋ゴムというように言わせる。	
まとめ	5．漢字の練習をする。 　魚、鳥、虫、犬 6．学習のまとめをする。 ・あわせことばを作るときの規則	・点画に気をつけて、丁寧に書くよう促す。（発展として、練習した漢字を使った複合語を作らせてもよい。） 例　魚つり、やき鳥、虫かご、犬ごや ・今後、漢字＋漢字、つまり、熟語の意味構成の学習へと発展していくことを知らせ、意欲を持たせる。	

【資料21】　ワークシート　あわせことば
＜小学校低学年用＞

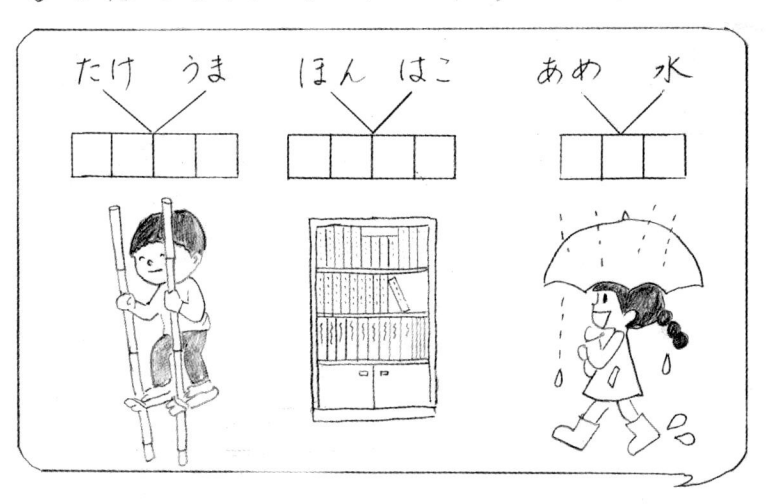

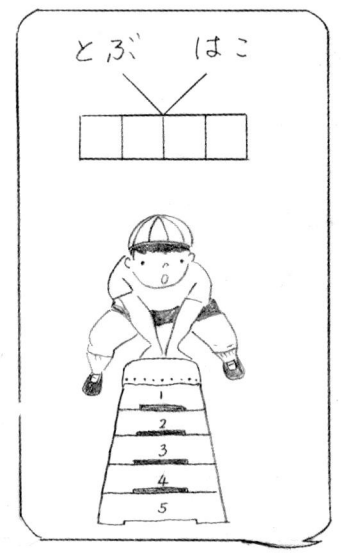

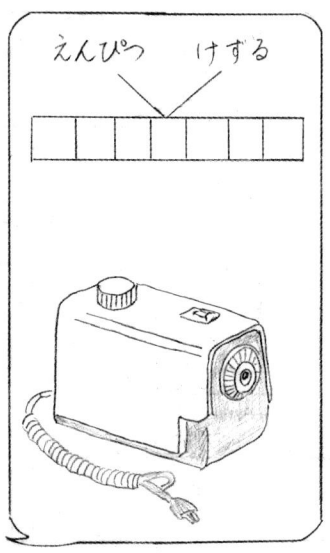

ことばとことばを あわせたら‥‥‥

たけ　うま　　ほん　はこ　　あめ　水

とぶ　はこ

えんぴつ　けずる

日本語指導

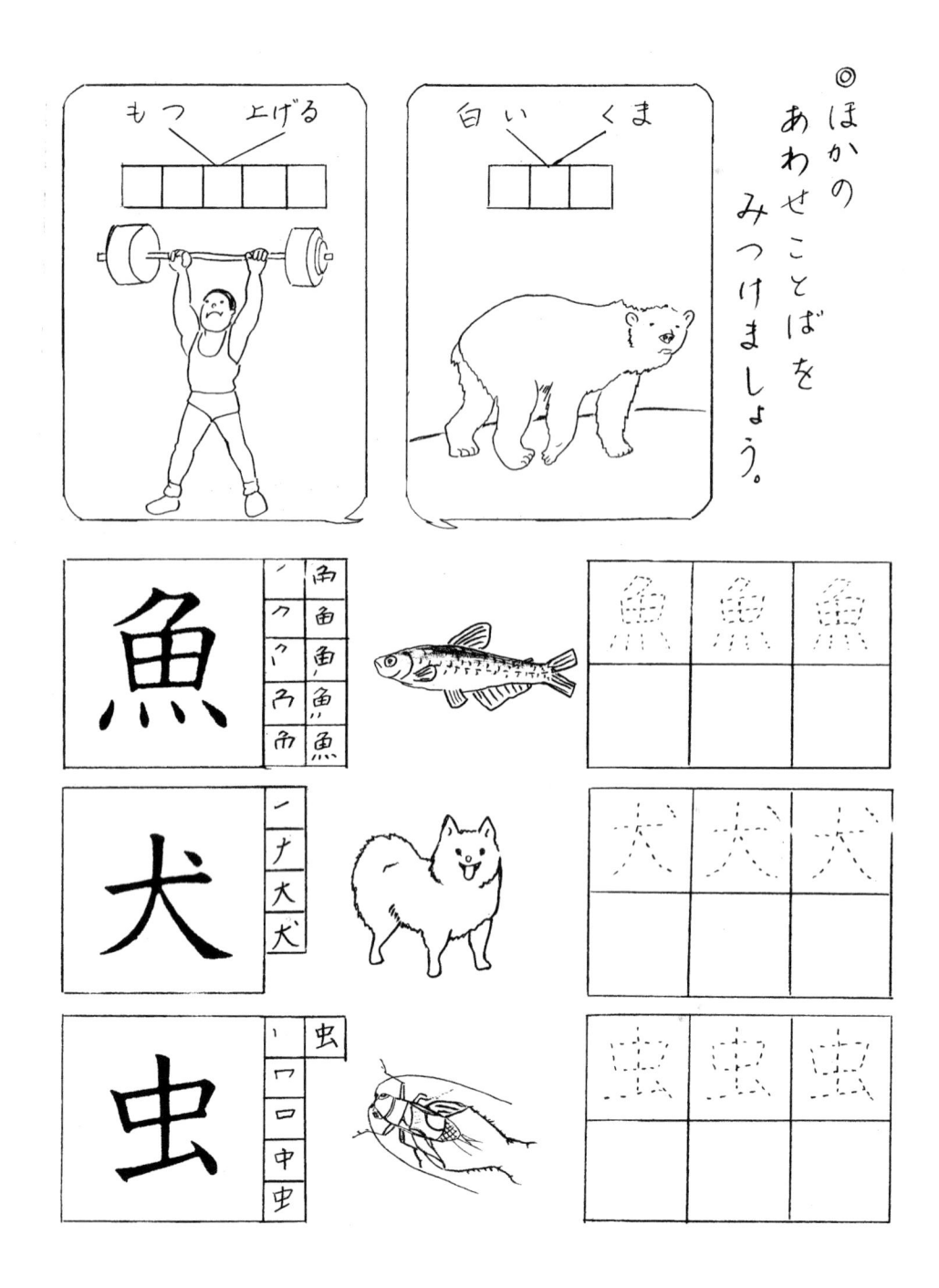

◎ ほかの あわせことばを みつけましょう。

もつ 上げる
☐☐☐☐☐

白い くま
☐☐☐

魚　ノクク角角角魚魚

犬　一ナ大犬

虫　１口口中虫

<小学校高学年用>

ことばとことばを あわせて 1つの ことばに しましょう。

なまえのことば ＋ なまえのことば

たけ＋うま　　　足＋あと　　　ほん＋はこ　　　あめ＋水
↓　　　　　　　↓　　　　　　　↓　　　　　　　↓

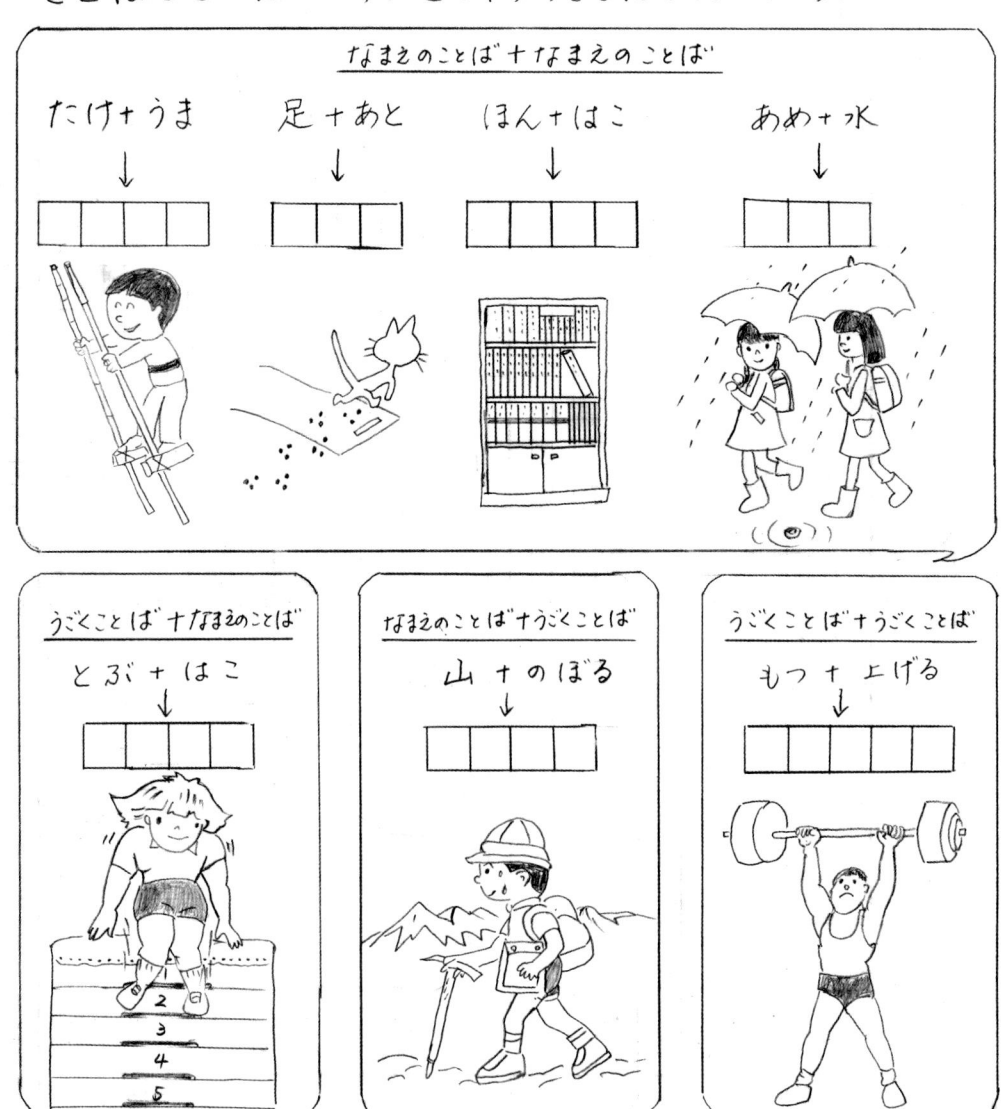

うごくことば ＋ なまえのことば
とぶ＋はこ
↓

なまえのことば ＋ うごくことば
山＋のぼる
↓

うごくことば ＋ うごくことば
もつ＋上げる
↓

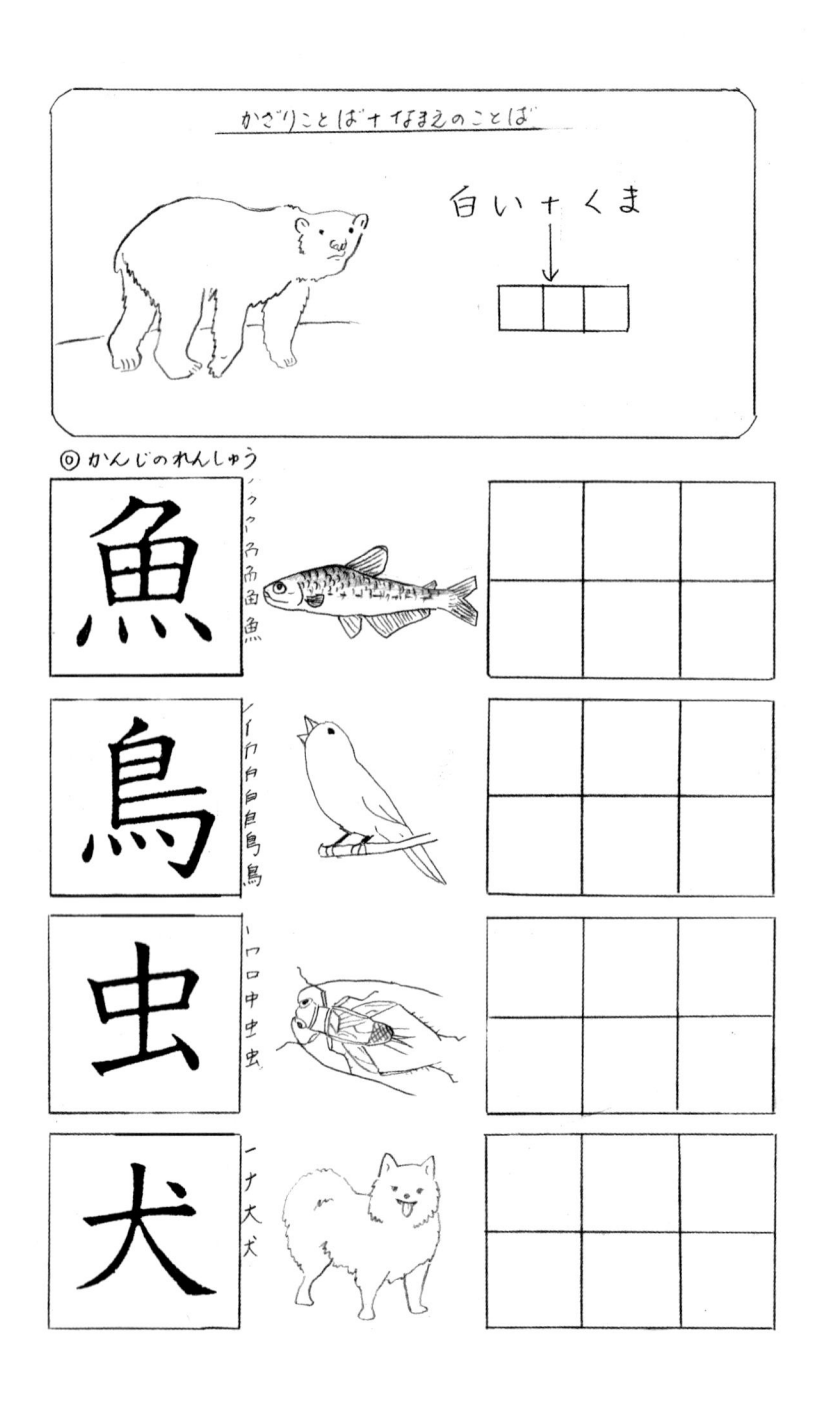

かざりことば ＋ なまえのことば

白い ＋ くま
↓
□□□

◎ かんじのれんしゅう

魚	ノクク五五百角魚魚
鳥	ノ亻冂白白鳥鳥鳥
虫	丨口口中虫虫
犬	一ナ大犬

＜中学生用＞

ことばとことばをあわせて1つのことばにしましょう。

名し（名まえのことば）＋名し

てんぷら＋そば　　ほん＋はこ　　あめ＋水
　↓　　　　　　　　↓　　　　　　（雨）
□□□□□　　　　□□□　　　　　↓
　　　　　　　　　　　　　　　　□□□

どうし（うごくことば）＋名し

とぶ＋はこ
　↓
□□□□

名し＋どうし

山＋のぼる
　↓
□□□□

どうし＋どうし

もつ＋上げる
　↓
□□□□

けいようし（かざりことば）＋名し

白い＋くま
　↓
□□□

できるかな？ 🎋 + 🐴 = ？

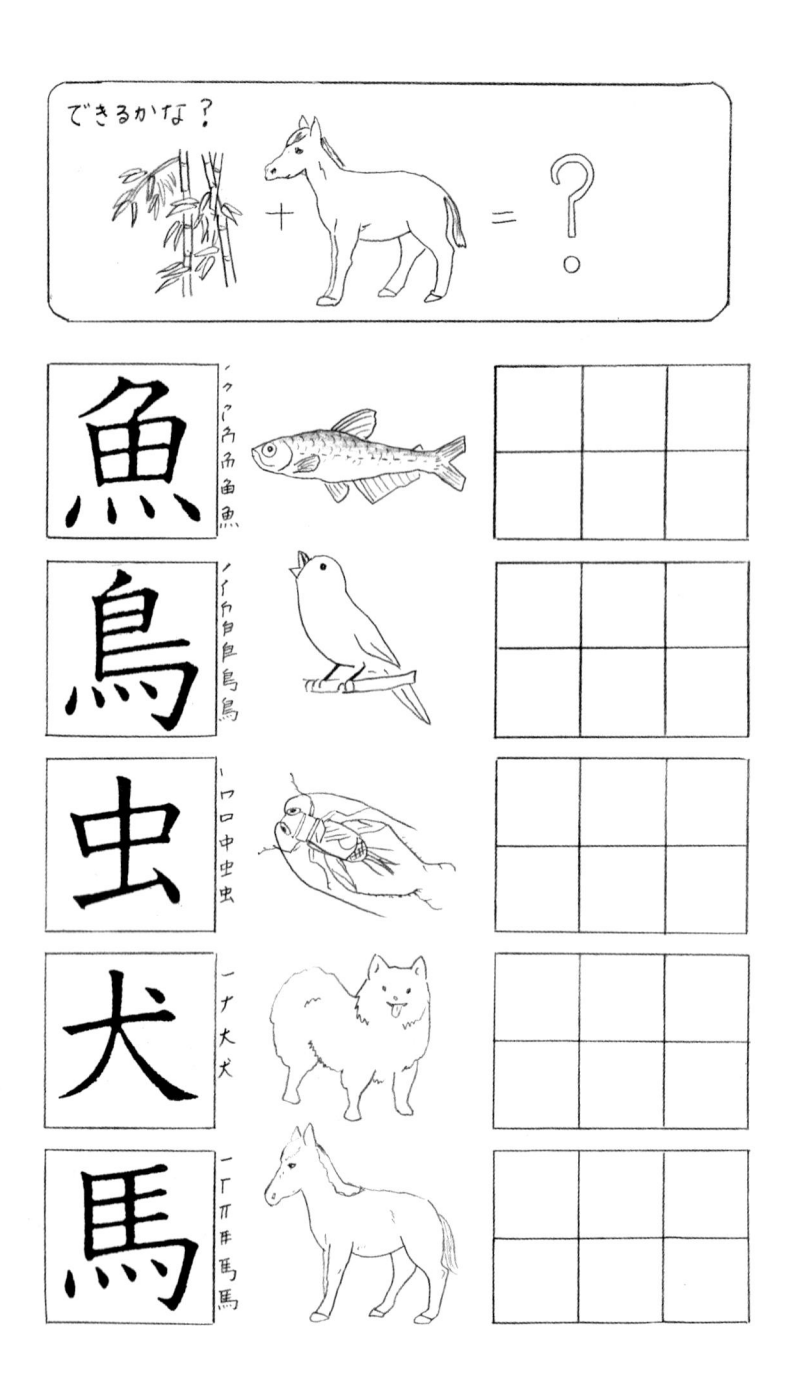

魚	ノクク各各角魚魚
鳥	ノイ广白鳥鳥鳥
虫	丨口口中虫虫
犬	一ナ大犬
馬	一厂厂π馬馬

―母語訳付の教材―

1、児童生徒の実態に合わせて、わかりやすい母語訳のついた教材を選びましょう。

　外国人児童生徒の母語の多様化に対応するために、母語訳付の教材が作られている。インターネットからダウンロードして使える教材もある。

　現在、市販されている教材や教育委員会や学校で開発された教材の中から、外国人児童生徒向けとして、有効なものを「教材リスト」（千葉県教育委員会）としてまとめたので、参考にして選ぶとよい。

【資料22】　主な教材・資料一覧（母語付き）

	教材名	内容	母語対応	発行機関
1	こどものにほんご	学校行事や生活ですぐにつかえる表現。単語に母語訳	英語、中国語ポルトガル語	子どもの日本語研究会
2	にほんごドレミジャンプ	身近な話題や活動、話し言葉を重視、コミュニケーション力	スペイン語	JICA
3	たのしいがっこう	日本語と学校生活への適応、対訳とローマ字での振り仮名	タイ語、ペルシャ語等11か国語	東京都教育委員会
4	Japanese for young people	生活に即した場面設定、実用的な会話、ワークブック、CD	英語	国際日本語普及協会
5	ゴスト　ムイントカンジ・算数	1～3年生までの漢字、算数は「日本語学級」、ネットよりダウンロード	ポルトガル語フィリピノ語	東外大多言語多文化センター

【資料23】　外国人児童生徒のための　指導資料リスト（ダウンロードできるもの）
（平成21年6月1日現在）

日本語指導教材

	教材名	主な内容	対応言語	作成・発行
1	にほんごをまなぼう（翻訳版）	文部科学省教材「にほんごをまなぼう」の表現翻訳集（10言語）	インドネシア語、ウルドゥー語、シンハラ語、タイ語、フィリピノ語、ベトナム語、ペルシャ語、ベンガル語、モンゴル語、ロシア語	外国人児童生徒受入体制整備研究会
2	たのしい　がっこう	学校への適応のための日本語 対訳・ローマ字付き 指導書付き	中国語、スペイン語、ポルトガル語、英語、タイ語、ベトナム語、フィリピノ語、アラビア語、ミャンマー語、韓国・朝鮮語	東京都教育委員会

	教材名	主な内容	対応言語	作成・発行
3	彩と武蔵の国の学習帳	日常会話、学校用語 小学校から中学校までの社会、算数・数学、理科	英語、ポルトガル語、中国語、スペイン語	埼玉県教育委員会
4	Gosto Muito de Kanji	小学校1～3年生までの漢字学習（ワークシート）	ポルトガル語	在日ブラジル人児童生徒向け教材開発プロジェクト 東京外国語大学多言語・多文化教育研究センター
5	掛け算マスター・日本語クリアー（在日ブラジル人児童のための算数教材）	大蔵守久著作にブラジル人児童を指導する上でのポイントを解説 言語文化の紹介	ポルトガル語	
6	掛け算マスター・日本語クリアー（在日フィリピン人児童のための算数教材）	児童用、指導者用、フィリピン指導者用	フィリピノ語	
7	はじめくんとまりちゃんのにほんごきょうしつ	日常会話、学校で使う基本的な日本語		大宮市教育研究所 大宮市国際理解教育研究協議会 さいたま市教育委員会
8	みえこさんのにほんご	学校生活を送る上で必要な事柄に配慮 みえこさんを中心に構成		三重県国際交流財団 三重県教育委員会
9	算数6カ国語対訳集	小学校の算数を対訳付きで説明	中国語、タガログ語、英語、ポルトガル語、スペイン語、韓国・朝鮮語	川崎市総合教育センター
10	中学生の日本語	登場人物はペルー人・ブラジル人・アメリカ人、フィリピン人、フランス人、日本人生徒で学校生活場面、語彙も中学生向き		兵庫県芦屋国際中等教育学校
11	来日外国人生徒用教科指導用テキスト	社会・数学・英語・理科の教科書用語	ポルトガル語	四日市市立橋北中学校
12	一口会話集	学校生活のための会話集 数字、挨拶、よく使う表現等	ポルトガル語、スペイン語	浜松市教育委員会
13	わくわくワールド（かんじマスター）	1～6年生までの学年別漢字ワークシート		神栖市立軽野東小学校
14	読解テキスト 読んで話そう	中・上級者向けの読解が中心 12の話		愛知国際交流協会 日本語教育リソースルーム
15	学校適応（生活・学習）に必要なことば	授業で使うことば、形容詞、動詞、名詞、学校行事、教科、学習用具等	ポルトガル語、スペイン語（一部）	岩倉市日本語適応指導教室 愛知県岩倉東小学校

16	日本語を母語としない就学時の児童のための日本語教材「みる あそぶ にほんご！」	ひらがな５０音 ひらがなゲーム 語彙対訳集	ポルトガル語、英語 中国語、スペイン語 韓国・朝鮮語 中国語、スペイン語	山梨県南アルプス市
17	外国人小学生のための「漢字熟語集」	学年で習う漢字 「おん」「くん」ごとの熟語をあげ、意味を翻訳	中国語、スペイン語、ポルトガル語、英語、ベトナム語、タガログ語、韓国・朝鮮語	兵庫県国際交流協会 兵庫日本語ボランティアネットワーク
18	外国人小学生のための「用語カード」	教科で用いられる用語を翻訳し、イラストと合わせてカードとして使う 算数・理科・生活科・社会科	中国語、スペイン語、ポルトガル語、英語、ベトナム語、タガログ語、韓国・朝鮮語	兵庫県国際交流協会 兵庫日本語ボランティアネットワーク
19	４カ国語で読む国語教科書	小学校５・６年用国語の教科書（光村図書・教育出版）の読み物箇所を抜粋して対訳	英語、ポルトガル語 スペイン語、中国語	埼玉県教育委員会
20	日本語を楽しもう	擬音語、擬態語を４コマ漫画で理解		国立国語研究所
21	中学校社会科用文部科学省検定済教科書	中学校の歴史教科書（近代）を翻訳（８社）	中国語、英語、韓国語、日本語	多言語翻訳ガイド「カレードスコープ」ジャパンエコー社
22	いっぱい話そう！日本語だけじゃないよ！	活動素材集 お互い話すきっかけとして、好きなものを選んで使う。絵を通してお互いの言語を知って使ってみるためのもの		ニイガタヤポニカ
23	書き順シート	ひらがな・カタカナ・１年生から６年生までの漢字の書き順シート		小学館「教師のためのポータルサイト 教育技術ネット
※	教材リスト（楽しく日本語を学ぶために）	児童生徒用教材、指導者用資料、副教材・教具		外国人児童生徒受入体制整備研究会 千葉県教育委員会
※	マルチメディア「にほんごをまなぼう」	学習者が母語を選び、「にほんごをまなぼう」の学習をする 日本語・母語の音声付	中国語、ポルトガル語、スペイン語、韓国・朝鮮語、英語 一部（ベトナム語・カンボジア語）	日本語指導教材研究会

日本語指導

その他

	資料名	主な内容	対応言語	作成・発行
1	JSLカリキュラムの概要 学校教育におけるJSLカリキュラム開発について 小学校編・中学校編	日本語の初期指導から教科指導につながる 小学校はトピック型・教科志向型、中学校は国語・社会科・数学・理科、英語の5教科		文部科学省
2	JSLカリキュラム実践支援事業 事例集	平成19・20年度実践事業委託地域（13例）のまとめ・授業実践・ワークショップ		文部科学省
3	小学校JSL算数科指導案モデル	学習に参加し、算数・数学科の力を高めるための外国人児童生徒への教科指導の在り方		群馬県太田市
4	外国人児童生徒指導に関する調査研究	日本語指導の充実を目指した指導計画・資料作成		宇都宮市教育委員会
5	日本語力判断基準表及び診断カード	日本語からみた診断、教科からみた診断、漢字チェックシート、日本語指導Q&A		神戸大学発達科学部附属住吉校 日本語教育センター
6	日本語学習・生活ハンドブック	日本語学習の必要性、生活情報、日本語学習の情報、便利な日本語表現、文字・語彙	韓国・朝鮮語、中国語、ポルトガル語、スペイン語、英語	文化庁
7	外国人にやさしい日本語表現の手引き 2006	外国籍県民に日本語で県の情報を伝える 日本語が初級レベルの人に対してやさしい日本語への書き換え方		埼玉県総合政策部国際課 NGO在住外国人支援担当
8	デジタル絵本サイト	世界の民話を紹介 読み聞かせ用の音声付もある。（日本語・英語）	中国語、スペイン語、ノルウェー語、ドイツ語、スウェーデン語、英語、インドネシア語、韓国語、アミ語、イタリア語、フランス語、日本語	国際デジタル絵本学会
9	あなたの町の日本語教室	場所や最寄り駅、時間帯で千葉県内の日本語教室を検索		房総日本語ボランティアネットワーク／千葉県国際交流センター
10	救急医療外国語対訳問診表	質問用紙に記入して病院に持参 受付、問診、診察、検査、診断、治療、会計窓口、薬局窓口	英語、中国語、ハングル語、スペイン語、タイ語、ポルトガル語、タガログ語、ペルシャ語	千葉県国際交流センター（千葉救急ネット） 千葉県 千葉県医師会
11	諸外国の学校情報	現地の教育の概要と特色、現地の学校段階別教育の概要、現地の学校への日本人の就学状況		外務省
12	世界の国々 世界の学校を見てみよう （キッズ外務省）	国名、英語による名称、首都、独立年月日、主要言語、面積、人口、通貨単位、学校の様子		外務省
13	インターネットでつながる日本人学校	日本人学校の取り組み 交流で使うマルチメディア		社団法人日本教育工学振興会
14	多言語生活情報	外国人が日本で生活するために必要な生活情報（在留資格・外国人登録・結婚・離婚・届出書・労働と研修・医療・年金・出産・育児・福祉・教育・日本語教育・税金・住まい・緊急時など	英語、中国語、韓国・朝鮮語、スペイン語、ポルトガル語、タガログ語	財団法人自治体国際化協会
15	多言語医療問診票	日本で暮らす日本語が話せない外国人が病院に行く時に病気やけがの症状を医師に説明する手助けとなるよう作成	インドネシア語、カンボジア語、タイ語、中国語、英語、スペイン語、タガログ語、ハングル語、ベトナム語、ペルシャ語、ポルトガル語、ラオス語、ロシア語、フランス語	かながわ国際交流財団 国際交流ハーティ港南台

【資料24】 副教材・教具

身の回りにあるものが工夫次第で楽しく教えるための教材・教具になる。教えるための準備には時間がかかるので、一つの教具でいろいろな使い方を考えて教えるとよい。

	副教材・教具	使い方
1	実物	小学校低学年の児童には有効である。高学年や中学生は写真や絵カードを使って指導するとよい。
2	模型・おもちゃ（キャラクター）	実物が用意できない場合は、いくつか用意しておき、ゲームなどの活動に使うと楽しく活動できる。
3	さいころ	1から6までの数字の他にも大きな数や絵など工夫して使うとよい。2つ使うと算数の計算にも楽しく取り組める。すごろく
4	算数セット	計算や図形、時計など入っているので、算数で日本語を指導するのに便利。
5	おりがみ	色の名前や折る作業を通して動詞を覚えさせることができる。
6	粘土	細長い棒状にして、文字を作ったり、動物などの形を作ったりして、楽しみながら言葉を学ぶことができる。
7	写真	実際に学習に必要なものなどをデジカメで写して使ってもよいが、雑誌や広告の写真を切り抜いて厚紙に貼ってもよい。パウチしたり、クリアーファイルに入れたりして、何回も使えるようにしたい。
8	絵	場面の様子を絵にかき、絵を見て日本語を指導する。できれば、実際に活動させるようにして、定着を図る。
9	紙芝居	市販の紙芝居を使って、聴解指導をしたり、お話の楽しさを味わわせたりする。文型指導の際、自作の紙芝居で指導するとよい。
10	絵本	お話の内容を理解させたり、言葉図鑑で語彙を増やしたりすることができる。
11	文字カード	厚紙にひらがな、かたかな、漢字などをフェルトペンや毛筆で書き、文字指導やゲームに使用する。
12	数カード	算数の学習やゲームに使用する。3セットくらいあるとよい。
13	文型カード	基本文型を細長い紙に書き、文型練習に使う。嵩張るので、二つに折り、指導する課を書いたインデックスを貼っておくとよい。
14	絵カード	厚紙に絵を書き、カードの端に品詞別に色分けをしておくと使いやすい。語彙の導入、活用の練習に使うとよい。
15	変わり絵	2～4枚くらいの厚紙に順々に変わっていく絵をかき、語彙を理解させる。例えば「おぼれる」など。1枚の紙の裏表に絵をかき、違いからわからせるようにしてもよい。

日本語指導

16	フラッシュカード	瞬間的にパッと見せて（フラッシュさせて）使うことに由来している。良く使われるものは、カードに文字が書いてあるもので、動詞の活用などの形の変換の練習に使う。
17	漫画	話し言葉でかかれているので、会話の練習になる。4コマ漫画を使ってなかなか理解できない表現を説明している市販本もある。
18	手品	コップや箱、ハンカチなどを使って、簡単な手品をすることにより、違いが分かり、集中して学習に取り組むことができる。
19	ワークシート	穴埋め、適語補充、正誤、多岐選択などの形式の問題、漢字の読み書きの練習、言葉集めや文型の練習、クロスワードやクイズなど。簡単なイラストを入れたものがよい。
20	ゲーム	たくさん考えられるが、主なものとして、カードとり・〇〇ごっこ・ビンゴゲーム・神経衰弱・動作指示ゲーム・当てっこゲーム・禁止ゲーム・命令ゲーム・ふくわらい・じゃんけん・探し物ゲーム・指示ゲーム・順番ゲーム・動作ゲーム・形容詞ゲーム・すごろく・じんとり・迷路ゲーム
21	VTR DVD	市販されている学習ビデオ・DVDを使って、日本の学校紹介や日本文化理解及び母国文化理解に役立てることができる。
22	CD	「にほんごをまなぼう」「たのしいにほんご」などのCDが市販されているので、授業中、自習に使うとよい。
23	テープ	日本語を聞いて理解する力を伸ばす。作成にあたっては、教科書の本文や文型練習の例文などが基本で、さらに本文の内容に関する質問と答え、応用聴解問題などを録音する。
24	コンピュータ	ワードで作文をしたり、同音異義語の中から適切な文字を選んで書いたりすることができる。また、コンピュータによる日本語学習も開発され、文法はもちろんのこと、文字表記や音声の学習にも使うことができる。
25	マグシート	裏が磁石になっていて、黒板・ホワイトボードにそのまま貼れる。表は水性マーカーで字が書け、何度でも使える。また、マグネットの代わりに小さく切って、テープなどで絵カードやフラッシュカードに貼れば、黒板・ホワイトボードに貼ることができる。
26	貼ってはがせるのり	児童生徒の作品などを貼ったり、移動させて貼って、仲間分けをしたりするときに使うと便利である。解答を隠してさっとはがして使うと意欲的に取り組むことができる。
27	50音表	常に教室に貼っておき、確認させる。
28	筆順表	書き順ごとに色分けして使うとよい。
29	復習プリント	指導時間は限られているので、復習プリントを作成し、学習後、宿題として渡したり、クラスでの授業・自習のときに使ったりするとよい。

【資料25】　具体的な教具例

教具名	あいさつ　できるかな？	材　料
	<おはようございます>	板目表紙　　2枚 割りピン　　1本

作り方

1．1枚の板目表紙を円に切り取り、太陽と月の絵をかく。
2．もう1枚の板目表紙に学校をバックに先生と子どもが挨拶している絵をかいて校舎に合わせて切り取る。
3．2枚重ねて、真ん中に穴を開け、割りピンでとめる。

<こんにちは>　　　<さようなら> 　　　<こんばんは>

使い方　挨拶の指導のときに、下の円を回して、太陽の位置を見て、朝・昼・夕方の挨拶の仕方を教える。

日本語指導

教具名	じゅんばん　はなびら	材　料
		画用紙 1 枚
		作 り 方
		1．画用紙を正方形に切る。 2．中心に向かって角を折る。 3．1・2・3・4　→を書く。 4．広げて、文を書く 　1．バラは500円です。 　2．カーネンションは300円です。 　3．バラはカーネーションより、なん円高いでしょう 　4．500－300=200　バラはカーネーションより200円高いです。

使い方　文章題を解くだけでなく、文章題作成の手がかりとしたり、4コマ漫画にして言葉を理解させたりする。

教具名	へんしん　うちわ	材　料
		うちわ 白い紙 ビニル袋　2枚
		作 り 方
		1．うちわの両面に白い紙を貼る。 2．ビニル袋を両面に貼る。 3．白い紙に変身前と変身後の絵をかく。 　＜例＞変身前……りんご 　　　　変身後……りんごの芯 　　　　→食べる

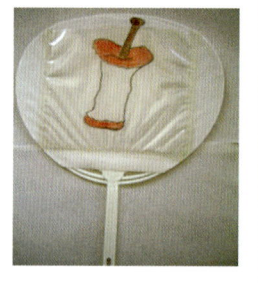

使い方　うちわにつけたビニル袋に変身前と変身後の絵を入れ、うちわを裏返すことで言葉を覚えさせる。

教具名	ことばをいれてみよう	材 料
		板目表紙

作り方
1. 板目表紙に文型を書く。
2. 汚れないようにパウチする。

使い方 文型指導のときはもちろんだが、教室に掲示しておき、2人組になって練習する。

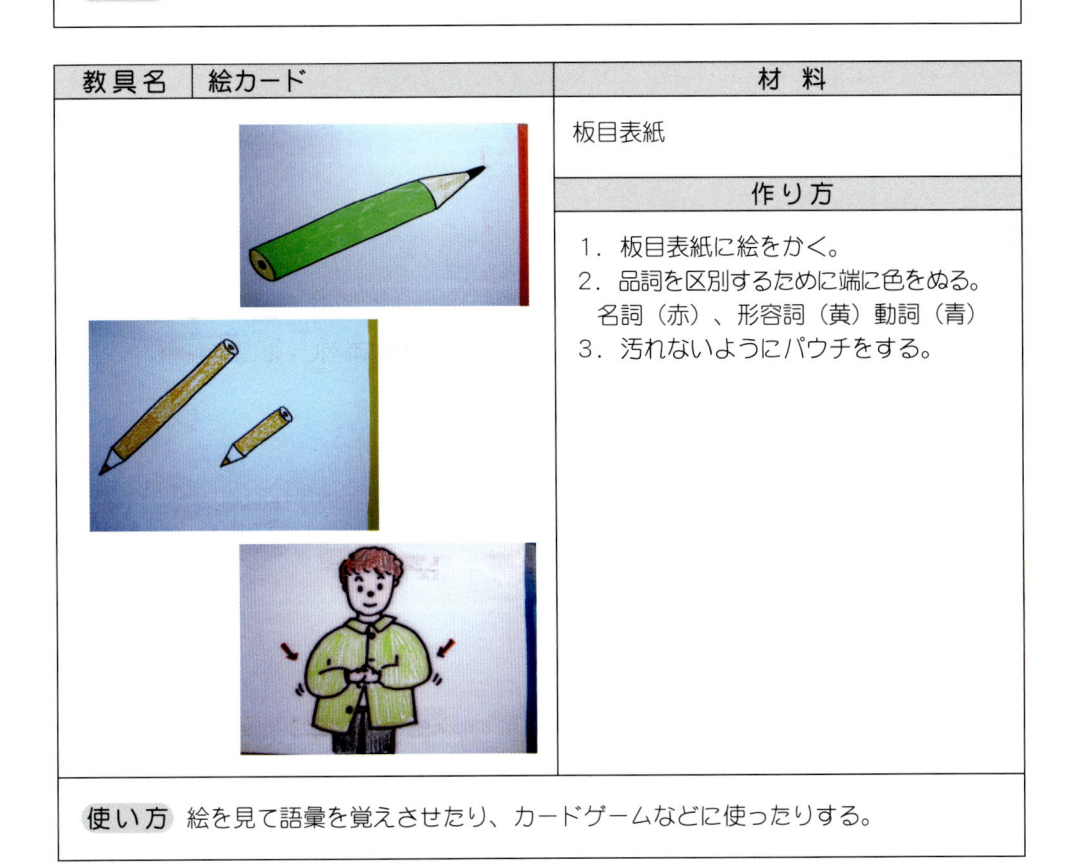

教具名	絵カード	材 料
		板目表紙

作り方
1. 板目表紙に絵をかく。
2. 品詞を区別するために端に色をぬる。名詞（赤）、形容詞（黄）動詞（青）
3. 汚れないようにパウチをする。

使い方 絵を見て語彙を覚えさせたり、カードゲームなどに使ったりする。

日本語指導

【資料26】 日本語教材リスト　千葉県教育委員会・外国人児童生徒受入体制整備研究会
千葉県教育委員会ホームページからダウンロードして使える

目　次
1．児童生徒用教材
（1）にほんごをまなぼう・・・・・・・・・・・・・1
（2）にほんごワークブック・・・・・・・・・・・・8
（3）ひろこさんのたのしいにほんご・・・・・・・・9
（4）たのしいにほんご・・・・・・・・・・・・・11
（5）にほんごドレミ・ジャンプ・・・・・・・・・13
（6）日本語学級・・・・・・・・・・・・・・・・16
（7）やさしいにほんご・・・・・・・・・・・・・18
（8）にほんごだいすき・・・・・・・・・・・・・21
（9）こどものにほんご・・・・・・・・・・・・・22
（10）にほんごかんたん・・・・・・・・・・・・・24
（11）よ～いドン。にほんご・・・・・・・・・・・25
（12）みんなのにほんご・・・・・・・・・・・・・25
（13）いっしょににほんご・・・・・・・・・・・・26
（14）4コママンガおぼえる日本語・・・・・・・・27
（15）絵でわかるかんたんかんじ・・・・・・・・・28
（16）かんじだいすき・・・・・・・・・・・・・・29
（17）児童生徒ための日本語わいわい活動集・・・・31
（18）JAPANESE FOR YOUNG PEOPLE ・・・・・31
（19）言葉図鑑・・・・・・・・・・・・・・・・・32
（20）ことばあそびうた・・・・・・・・・・・・・33
（21）じてん・・・・・・・・・・・・・・・・・・34
（22）Gosto Muito de Kanji ・・・・・・・・37
（23）絵でわかる ぎおんご ぎたいご・・・・・・・38
（24）たのしいがっこう・・・・・・・・・・・・・39
（25）はじめくんとまりちゃんのにほんごきょうしつ・・40
（26）中学生の日本語・・・・・・・・・・・・・・41
（27）レベル別日本語多読ライブラリー・・・・・・42
（28）漢字が楽しくなる本・・・・・・・・・・・・43
（29）高校生の日本語12か月・・・・・・・・・・44
（30）ことば絵事典・・・・・・・・・・・・・・・45

2．指導者用資料
（1）外国人児童生徒のための日本語指導・・・・・・・・・・・1
（2）「学校教育におけるJSLカリキュラムの開発について」対応
　　　外国人児童の「教科と日本語」シリーズ・・・・・・・・2
（3）教えるためのことばの整理・・・・・・・・・・・・・・4
（4）基礎表現とその教え方・・・・・・・・・・・・・・・・5
（5）日本語授業　おもしろネタ集・・・・・・・・・・・・・6
（6）外国人と小学校教師のための学校生活まるごとガイド・・・7
（7）日本語の教え方　スーパーキット・・・・・・・・・・・8
（8）就学ハンドブック・・・・・・・・・・・・・・・・・・9
（9）学校からのおたより・・・・・・・・・・・・・・・・11
（10）HELLO CHIBA・・・・・・・・・・・・・・・・12
（11）日本語でボランティア・・・・・・・・・・・・・・・13
（12）外国人児童生徒を教えるためのリライト教材・・・・・・14
（13）多文化共生の学校作り・・・・・・・・・・・・・・・15

【付録】　副教材・教具
（1）にほんごをまなぼう

著者	文部科学省
出版社	ぎょうせい
レベル	初級
サイズ・頁	Ａ４判・１０４頁
対象	南米等の日系人児童生徒 中国等の帰国孤児児童生徒 インドシナ等の難民児童生徒 外国人・帰国児童生徒
母語対応	見開きに各国語で
関連教材等	教師用指導書
価格	９９９円

内容

　学校生活で必要とされる基本的な日本語を指導するための教材。今までの日本語教材は、文型積み上げ方式が多かったが、児童生徒の日常生活、学校生活を場面として、その中で使われている語彙や文型など、イラストを多く用いて楽しく学習できるように工夫されている。
　会話、代入・転換練習、選択問題、クロスワードパズル、長音等特殊な発音の練習、発音のための写真、ひらがな・かたかなの表と書き順等で構成されている。
　ひらがな・かたかなのみで、漢字は使われていない。
＜各課の内容＞
1～4課　日本語指導の導入（挨拶・自己紹介）
5～6課　生命に関わる緊急度の高い表現
7～8課　友達作りに必要な表現
9～10課　身支度や出欠等の連絡に関する表現
11～17課　学校のようすに関する表現
18～26課　学習教科に関する表現
27～33課　特別活動に関する表現

評

　保護者の都合で来日し、日本語を学習することになった児童生徒が楽しく学べるように、カラーイラストが豊富で、とてもわかりやすい。また、設定場面を日常生活や学校にして、日本への適応も考えて作られている。来日時の児童生徒の実態に合わせて、選択して指導することもできるし、チェックすることもできる。各課の指導に合わせた「文字の練習帳」や「文型練習帳」を用意する必要がある。

日本語指導

にほんごをまなぼう　指導書

著者	文部科学省
出版社	ぎょうせい
レベル	初級
サイズ・頁	Ｂ５判・３６０頁
対象	南米等の日系人児童生徒 中国等帰国孤児児童生徒 インドシナ等難民児童生徒 外国人・帰国児童生徒
母語対応	中国語・英語・韓国朝鮮語 スペイン語・ポルトガル語
価格	２，７５２円

内容

　日本語を指導する教師の多くが必ずしも十分な指導経験を有していないことを考慮し、日本語指導の概要を平易に解説すると共に、日本語指導教材の各課毎の指導方法を授業の指導案形式で示している。

1. 「にほんごをまなぼう」を使った日本語指導法
   （１）日本語指導の基本的な考え方
   　①国語の指導と日本語指導との違い　②言語習得に要する期間
   　③日本語指導の三つの段階　④外国人児童の理解
   　⑤学校全体での取組
   （２）日本語指導における指導のポイント
   　①聞く・話す・読む・書くの４技能の指導　②音声　③文字　④語彙
   　⑤文法　⑥言語行動
2. 各課別指導事項
3. 語彙等インデックス
   　①５０音別語彙（母語訳）　②品詞活用別　③新出文型
4. 表現翻訳集（母語訳）
   　①「にほんごをまなぼう」　②日本の学校紹介　③学校から家庭への連絡文

＜参考資料＞南米事情

評

　指導を円滑に進められるよう適宜対訳を付しているほか、学校からの連絡文例や南米からの子どもたちを理解する一助として、南米事情についても紹介している。適応指導や保護者への対応にも使うことができる。

国際理解

出 会 い

Q1. 学校として

1、学校全体で受入体制を作りましょう。

とかく、国際理解教育担当者や担任にまかせてしまいがちなので、学校長の指導の下、全職員で受け入れられるようにする。校務分掌等等の組織を生かして、それぞれの立場から受入について考えていくとよい。

2、外国人児童生徒と共に進める国際理解教育プランを立てましょう。

年度当初に立てた「国際理解教育指導計画」を基に、外国人児童生徒と共に進める国際理解教育の部分を加えていくようにする。児童生徒の実態に合わせて、「身につけさせたい力」を決め、各教科、道徳、特別活動、総合的な学習の時間等で推進していく。この「身につけさせたい力」は「学校教育目標」を具現化した「児童生徒像」につながるようにするとよいと思う。

まず、国際理解担当と外国人児童生徒の在籍する学級担任とで、できるところから実践し、その取り組み方・成果・課題等を積み重ねていくことにより、プランができ上がっていく。異文化理解、多文化理解、共生、コミュニケーション力、交流活動、英語や外国人児童生徒の母語学習に取り組んでいる学校が多く見られる。

3、職員全体との共通理解の場、指導補助者との連携の場を作りましょう。

職員や指導補助者等によって外国人児童生徒に対する対応が違ったり、連携がうまくとれなかったりすると、指導の重なりや漏れ落ち、外国人児童生徒の戸惑いが生じてしまうことがある。

そこで、職員打合わせ・職員会議・生徒指導委員会・外国人児童生徒連絡会等の場で、共通理解して対応していく必要がある。管理職、養護教諭、栄養士等もそれぞれの立場で対応し、成果をあげている例が報告されている。

また、教育委員会から派遣される指導協力員や通訳ボランティア等の指導補助者との連絡は、窓口を決めて(教頭が多い)行い、さらに指導内容等細かなことは、「連絡ノート」を作って、その都度確認していくようにする。

指導補助者は、外国人児童生徒と担任、そして学級の児童生徒とをつなぐ大きな役目を担っているので、学級での付き添い指導でも活躍してほしいと思う。

Q2．教師として

1、外国人児童生徒の編入をプラス思考でとらえるようにしましょう。

　生活習慣が違い、日本語がまったく話せない外国人児童生徒の指導は、時間も労力もかかるので大変だが、教師にとっても、学級の児童生徒にとっても得るところが多い。異文化理解・自国文化理解・共生・コミュニケーション力・プレゼンテーション力等の育成を図るよい機会としてとらえていきたい。外国人児童生徒が、これからの日本の社会を作り上げていく大きな力になっていくのは、時間の問題とも言われているからである。

2、同じ人間として、共生していくことの意義を知らせるようにしましょう。

　日本には、未だに「欧米志向」があり、アジア・アフリカ地域等の開発途上国についてよく思わなかったり、「日本語が話せない」外国人児童生徒を「できない子」としてからかったりすることが見られる。

　外国人児童生徒学習支援相談室には、外国人保護者から「日本の学校はいじめがあると聞いているが大丈夫ですか？」という相談が何件も寄せられている。違うものを排除し、「みんな同じ」を良しとする日本人・日本の学校では、異文化や異なる文化をもつ外国人児童生徒を受容することがなかなかできなかったからと思われる。

　外国人児童生徒と体験活動等を共にすることにより、同じ人間として共生していくことの意義を知らせていく必要があると考える。

3、外国人児童生徒及び受入学級の児童生徒に対して、担任としてできる支援方法を考えましょう。

　外国人児童生徒に対しては、外国人児童生徒受入体制整備研究会・千葉県教育委員会作成の「外国人児童生徒受入の手引」「母国の教育事情」等を参考にして、面接時の対応や教材等の準備をする。また、学級での座席、グループ等の配慮をする。

　受入学級の児童生徒には、外国人児童生徒が編入してくることを知らせ、児童生徒自らどのように受入れたらよいか考えるよう促す。意思疎通を図るためにいろいろな意見が出されると思うが、「もし、自分が外国の学校に行ったら」という視点で、外国人児童生徒の様子を見ながら対応することが大切であることも話す。過度な世話焼きが負担となり、拒否反応をおこしてしまった例もあるので、注意したい。

国際理解

Q3．迎える児童生徒として

1、外国人児童生徒の母国や母語について調べるよう、働きかけましょう。

　担任から外国人児童生徒が編入してくることを聞き、グループや個人でできるだけ「外国人児童生徒の母国や母語」について調べ、異文化理解を図る。ただし、本やインターネットの情報は、古かったり、部分的だったりすることもあるので、注意する必要がある。また、〇〇国の人は・・・等と「ステレオタイプ」に陥らないようにしたい。同じ国の人でも多様な面をもっているので、〇〇国の◎◎さんとして理解していくようにする。
　インターネットでは、キッズ外務省や国際交流協会等の資料があり、活用されている。

2、コミュニケーションの手段について考えましょう。

　ある公立の小学校の取り組みの例をあげる。
　担任が「ボリビアから日本語が全く話せないお友達が転校してくるんだけど、どうしたら、仲良くなれるかな？」と問いかけたところ、5年生の児童から次のような意見が出された。
　（1）お友達になりたいから、笑顔でスペイン語のあいさつをする。日本語のあいさつもいっしょにすれば、覚えてくれる。
　（2）物を見せたり、指差したり、絵に描いたりする。
　（3）手振りや身振りで知らせる。
　（4）繰り返したり、ゆっくり話したりする。
　（5）スペイン語と日本語の対訳集があったら、指差して意味をわかってもらう。
　そこで、担任は早速、対訳集を学級の児童分印刷し、児童が考えた方法を表紙に印刷して、活用した。日本語を教えたり、スペイン語を教えてもらったりすることにより、少しずつではあるが、意志の疎通を図ることができた。
　発達段階に応じて、コミュニケーションの手段は違うので、できる範囲でよいが、担任からの指示ではなく、児童生徒自ら考えることが大切である。
　学校で使う用語は「対訳集」として、インターネットからダウンロードして使うことができる。イラスト入りのものもあり、絵と対応させながら言葉を身につけることもできる。学校として、1学級分用意しておき、必要に応じて使えるようにしておくのも一つの方法である。

学校生活への適応・日常的な日本語習得の時期

Q1．生活習慣や学校生活の違い

1、一つ一つの活動について、違いを認め、良さにも気づくようにしましょう。

　日本と母国との教育事情の違いにより、未学習の部分や解決方法が違うことがある。
　国によっては、運動会や水泳学習の経験がない場合もある。特にイスラム教の児童生徒は、①女子は、体操服等の着用の折、ふとももを見せてはいけない　②小学生であっても、体育時に男女別に着替えさせる　③女子はターバンを着用する　④宗教上、食べられないものがある等があげられる。管理職や担任は全職員へ、担任は児童生徒へ、きちんと説明する必要がある。
　一つ一つの活動について、違いを認め、良さにも気づかせ、互いに教え合い、助け合う方向で進めていきたい。

2、均一的な考えから多様な考えへと転換していきましょう。

　現在、多様な文化や価値観をもつ人々が共に生きていく社会が形成されつつあり、そこでは、一人一人がどのように多様性を受け入れるかが問題となる。学校でも、今までみんな同じという「均一的な考え」から外国人児童生徒のもつ異質なものを認め、尊重していくという「多様な考え」の転換が必要である。これは、外国人児童生徒だけでなく、日本人児童生徒それぞれについても言えることである。学校教育活動そのものについても多様性を重視したものへと見直していく必要がある。

3、外国人児童生徒と日本人児童生徒が共に活動できる場を増やしていきましょう。

　外国人児童生徒は日本語がわからない等の理由で、活動に参加できず、自信を失ったり、登校できなくなったりする例がある。学級の係活動やグループ活動、授業で共に活動する場を設定することも大事である。
　しかし、日本語が話せるようになった外国人児童生徒から、「母国のことを無理やり話させられて嫌だった」とか「みんな一つずつ分担するから、と言われ、学校を休みたかった」と聞くこともある。
　通訳補助者の方に気持ちを聞いてもらったり、本人に確認をしたりして、無理をせず、少しずつ活動できる場を増やし、努力と進歩を認め、励ますようにする。

国際理解

Q2. 学級で

1、ゲームや遊び等を通して、楽しくコミュニケーションが図れるようにしましょう。

　言葉を使わないゲームや簡単な日本語を使っての遊びを通して、楽しくコミュニケーションが図れるように工夫をする。
　例えば、ジャンケンは国によってやり方が違うので、教え合うことができるし、鬼遊びも体を動かし、一緒に活動できたという喜びにもつながる。
　休み時間を使って意図的に遊びを促すのも一つの方法である。
　コミュニケーションを図る活動として、イギリスで始められた「ワールドスタディーズ」に事例が多く載っているので、参考にすると良い。

2、様々なグループ活動を通し、一緒に活動する喜びを味わうことができるようにしましょう。

　時と場に応じて、人数や構成要素を変えて、様々なグループ活動を設定し、できる範囲で一緒に活動する喜びを味わわせたい。学習時に挙手して発表することができなくても、まず、グループ内で話すことから、自信をつけさせたい。また、「みんなと一緒にできた」という達成感も感じることができる。

3、日本語が話せないことをハンディととらえず、外国人児童生徒の日本語習得を励ます雰囲気作りをしましょう。

　「先生の言っていることがわからない」「テストの問題がわからない」「母国ではできたのに」等外国人児童生徒は、自信を失ってしまうことが多い。また、学級の児童生徒も日本語がわからないので「できない子」という見方をしてしまうことがある。
　外国人児童生徒の優れている面を強調し、日本語学習を頑張っていることも話し、少しの進歩も認め、ほめていくようにしたい。
　通訳補助者に依頼をして、全く日本語を使わず、外国人児童生徒の母語だけで話しかけてもらい、外国人児童生徒の気持ちを理解させるのも一つの方法である。体験を通して、外国人児童生徒の日本語習得を励ます気持ちが育っていくと思う。

Q3．日本語の学習

1、すぐに必要な日本語から、実物やイラスト、身振り手振り、ゲーム等を取り入れて楽しく指導しましょう。

　日常生活及び学校生活ができるよう、すぐに必要な日本語から母語が多様化しても対応できるように「直接指導法」で指導する。言語の習得には臨界期（10歳前後）があり、臨界期後は対訳教材を使っての指導が有効である。

　文部省の日本語教材「日本語を学ぼう」や難民向けに作られた「ひろこさんのたのしいにほんご」等児童生徒向けの日本語教材が発行され、インターネットからダウンロードして使える母語訳付の教材も増えてきているので、様々な活動を取り入れて、楽しく学習を進めたい。

2、日本語担当教員・指導補助者・ボランティアの協力を得ましょう。

　千葉県には、現在38名の「日本語指導担当教員」が、外国人児童生徒の多く在籍している学校に加配されている。その多くは「日本語指導教室」で特別指導をしたり、教室に行って付き添い指導をしたりしている。

　また、各市町村教育委員会は主に通訳のできる「指導協力員」や「日本語指導協力員」を雇用し、学校に派遣している。

　さらに、学校支援ボランティアとして、教育委員会や学校独自でお願いしている状況である。

　学校の教員だけでは対応できないことも、より確かで細やかな支援により、外国人児童生徒はもとより、保護者にとって、頼れる存在となっている。

　しかし、市町村教育委員会や学校によって依頼している内容は少し違いがあり、はっきりしない部分も見られるので、協議・連携し、指導の充実を図る必要がある。

国際理解

教科学習についていくための日本語習得の時期

Q1．教材開発・カリキュラムの工夫

1、外国人児童生徒が共に活動できる教材を開発しましょう。

　外国人児童生徒と共に活動できる教材とは、外国人児童生徒の母国や母語についてだけでなく、外国人児童生徒の母国以外の国々の文化理解、つまり多文化理解、環境等の地球的課題、国際交流等がある。
　教科学習の発展やトピック型のJSLカリキュラムの中にも児童生徒の興味関心を引く教材がある。

＜実践事例（井上惠子）＞
1学年　特別活動「１くみごうのぼうけん」
（１）題材について
　28人の子どもたちが「１くみごう」という船に乗って旅に出かけ、大嵐に遭い、砂漠の島に漂着したとき、みんなが助かるためにはどうしたらよいかを考えていく。遭難したときの緊迫した様子を劇化することにより、様々な解決方法を考えることや協力して問題を解決することの大切さに気づかせたい。
（２）題材の目標
　〇遭難したとき、どうしたら助かるか考えることができる。
（３）指導時間　１時間
（４）展開（１／１）

学習活動と内容	教師の支援	資料
１．１組号が旅に出て、砂漠の島に漂着するまでの話を聞き、みんなが助かるためにはどうしたらよいか考える。	・自分たちが乗っている船の話だということを意識させ、話の展開に興味を持たせるようする。	挿絵 船の絵
２．人間が生きていくためには、何が必要か、助かるためには、どうしたらよいか考え、発表する。＜４つの観点＞①水　②食べ物　③家　④助かる方法	・児童の発表を４つの観点にまとめ、それぞれについて、さらに解決方法はないか助言する。・砂漠というところはどんなところかを捉えて考えるよう、促す。	
３．４つの観点の中から１つずつ選び、漂着してから助かるまでを劇にする。	・４人グループなので、それぞれの観点に分かれ、良い解決方法を選ばせる。〇みんなに聞こえるような声の大	解決方法を書く紙

○班ごとに劇の発表をする。	きさ、みんなによくわかるような動きで演技するよう助言する。 ○実際に漂着した場面を想像させ、気持ちをこめて演技させる。	情景図 船の模型

2学年　図画工作「すてきなぼうし」

（1）題材について

　かぶってみたい帽子の形を考え、色画用紙を使って、自分の頭の大きさに合わせて作り、よいところを紹介し合う。この題材を通して、豊かな発想を大事にし、自分の思いを生き生きと表現する力（自己表現力）を養っていきたい。

（2）題材の目標

　○かぶってみたい帽子の形を考え、頭の大きさに合わせて作ることができる。
　○はさみやのりの扱い方、色画用紙等の折り方、曲げ方、切り方、接着の仕方に慣れる。
　○頭にかぶったり、工夫して作ったりする楽しさを味わう。

（3）指導時間　　2時間

（4）展開（1・2／2）

学習活動と内容	教師の支援	資料
1．かぶってみたい帽子について話し合う。	・教科書の参考例の他に、実物のメキシコの帽子を提示し、そのよさを味わわせ、さらに発想を豊かにさせる。	教科書 メキシコの帽子
2．どのような形の帽子にするか考え、作りたい形を決める。	・「こんなすてきな帽子を作りたい」という児童の思いを大切に、個別に話しかけていく。	色画用紙
3．頭に合わせてもとになる形を作り、いろいろな飾りを工夫する。	・形を作ってから、飾りをつけるよう、促す。	
4．できた帽子をかぶって見せ合い、工夫したことなどについて話し合う。	・形や色、飾りなど工夫したところを話し合い、良いところを見つけるよう、助言する。	

5学年　家庭科「祭りずしを作ろう」

（1）題材について

　祭りずしは、千葉県の房総半島の中央部、旧上総の国といわれていた地方の主として農業を営む家々で作られてきた「太いのりまき」で、千葉県の郷土料理である。

　この学習を通して、自分の郷土に目を向け、伝統文化を実際に体験することにより、それを大切にしていこうとする態度を育てていきたい。さらに、児童一人一人が模様をデザインし、祭りずしを作ることにより、自分なりによりよい作品を作り上げていこうとする意欲をも高めていきたい。

（2）題材の目標
○千葉県の郷土料理である祭りずしに関心をもち、自分なりの工夫をした祭りずしを作ることができる。
（3）指導時間　4時間
（4）展開（4／4）

学習活動と内容	教師の支援	資料
1. 学習のめあてを確認する。	・前時に作成した「オリジナル祭りずし」のレシピをもとに、各自の目当てが達成できるよう励ます。	オリジナル祭りずしのレシピ
2. 「オリジナル祭りずし」を作る。	・模様の部分を組み立てていくとき、横から模様を確認しながら作っていくように助言する。	祭りずしの材料 用具
3. 出来上がった祭りずしを見合う。	・よくできたところを見つけるよう問いかける。 ・彩りや栄養のバランスにも目を向けるよう促す。	OHC
4. 試食する。	・彩りだけでなく、味の取り合わせも大事だということに気づくようにする。	
5. 感想を発表する。		

5学年　家庭科「住まい方の工夫をしよう」
（1）題材について
　　「暖かく住まうための住宅展示場作り」という場を設定し、住まいという観点から日本全体や世界に目を向け、そこに住む人々が考え出した「暖かく住まうための工夫」を理解し、自分の生活に生かしていこうとする気持ちを育てていきたい。また、自分たちの考えた住宅の広告を作ったり、相手によくわかるよう説明のための資料を作ったり、説明したりする活動、そして、他のグループの説明を聞き、そのよさを見出したり、質問したりする活動を積み重ねることにより、自己表現力やコミュニケーション能力が高まり、お互いの良さを認め合うことができると考える。
（2）題材の目標
○身近な生活を見つめ、住まいについての関心を高める。
○住まいの働きがわかる。
○季節や気象に合った住居や住まい方を工夫する。
（3）指導計画　9時間
（4）展開（8／9）

学習活動と内容	教師の支援	資料
1．学習の目当てを確認する。	・「売り手」と「買い手」の立場に立って、相手によくわかるように説明したり、質問したりすることができるよう、意欲を促す。	学習計画表
2．住宅展示会をする。 　（8グループ）	・「売り手」の児童には、相手に話しかけるような話し方や視線、資料の掲示方法など、個に応じて助言する。 ・「買い手」の児童には、わからないところを質問したり、自分の考えと比較して考えたりするよう支援する。	展示資料 メッセージカード
3．「買い手」からのメッセージを発表する。	・メッセージの中から、特にうれしかったものを一枚選び発表することにより、互いのよさを認めあえるよう助言する。	

２．年間を見通し、どのような資質や力を高めたいかを決めて、カリキュラムを工夫しましょう。

　学校教育目標を具現化し、外国人児童生徒と共に進めるためにどんな資質や力を高めたいかを決めて、カリキュラムを組む。

　＜実践事例（小学校）＞
　学校教育目標・・・想像力に富み、実践力のある子
　　　↓
　目指す児童像・・・思いやりのある子・たくましい子・自ら学ぶ子
　　　↓
　研究主題・・・・・コミュニケーション能力の育成
　　　　仮説（思考力・判断力の育成）（プレゼンテーション能力の育成）
　　　　　　（相互理解の態度の育成）
　　　↓
　カリキュラムの工夫　　（ワールドスタディーズの手法を取り入れて）

国際理解

Q2．国際交流

1、交流の目的を明確にし、児童生徒に各自の目当てを持たせましょう。

　外国人を呼んで集会を開いたり、外国の姉妹校と手紙や作品を交換したりする等の交流が盛んに行われるようになったが、交流の目的を明確にしないと成果の少ない表面的な華やかさだけの行事に終わってしまう。また、児童生徒に各自の目当てをもたせ、参加意欲を高めておくことも大切である。さらに事後指導では、成果を定着させたり、発展させたりするための工夫も心がけたい。交流先は外国人児童生徒の母国という場合と母国を含めた数カ国とし、グローバルな視点からの取り組みも有効である。

2、継続的に交流できるようにしましょう。

　外国人であればよいというのではなく、国際交流の目的にあった方と交流するようにする。できるだけ地域の方が望ましい。継続して学校に来てもらうことにより、学校での交流を機会に地域でも日常的なふれあいへとつながっていくからである。

3、集会での外国人児童生徒の発表に配慮しましょう。

　集会での外国人児童生徒の発表について「みんなの前で話させられるのがいやだった」とか「あまり日本語が上手ではないのに大げさにほめたり、母国の言葉を言わせられたりした」「断ると先生に怒られるのではないか」という児童生徒もいれば、「母国のことを話せてよかった」「みんなの拍手がうれしかった」という児童生徒もいる。とかく、活躍の場を作ってあげたと思いがちだが、それぞれの性格や思いも違うので、計画を立てる段階でよく気持ちを聞いてからにしたい。また、日本人児童生徒のための国際理解教育ではなく、外国人児童生徒と共に進める国際理解教育であることも再確認する必要がある。

Q3. 母語学習

1、受入学級の児童生徒が、外国人児童生徒のやさしい母語を学習することにより、外国人児童生徒に対して親しみをもって接したり、文化等について関心をもったりして、互いに理解を深めるようにしましょう。

　外国人児童生徒が編入すると知ったとき、受入学級の児童生徒は、「何語を話すの？」と真っ先に質問をする。日本語が話せないなら、少しでもコミュニケーションを図ろうと調べ始める。

　そこで、対訳用語集だけでなく、実際に母語のわかる「通訳ボランティア」等の補助者にお願いして、「母語の学習の時間」を設定して、成果をあげている学校もある。全く日本語がわからない外国人児童生徒と全く母語がわからない受入学級の児童生徒、言葉がわからないときの気持ちも体験を通してわかり、少しずつでも、歩みよっていくことができると考える。

2、外国人児童生徒が母語の学習をすることにより、母語や母国を大事にしたり、家族とのコミュニケーションを図ったりしましょう。

　親は来日したことにより、自国では意識することのなかった子どもの言語教育について意識し、家庭で使用する言語についても考えていかなければならなくなった。

　親の日本語力と日本語学習意欲、来日目的、子どもの言語能力に対する期待、将来の子どもの教育や就労に関する希望、子どもの年齢によって違ってくるが、自分たちの母語を子どもが身につけ、言語文化を継承し、共有していくことを強く願っている。

　子どもが学齢に達してからは、学校の影響、特に公教育の媒介言語の影響が強くなる。両親の方針が強く、二言語併用を強調する場合を除き、子どもは学校での言語使用を優先させる可能性が高い。家庭と学校でのコミュニケーション媒介言語の乖離が起こる可能性も同時に高くなる。

　日本語教育が必要な児童生徒が増えているが、第2言語としての日本語教育を行う際、いかに効果的に指導するかというだけでなく、児童生徒の母語を視野に入れて、保持・育成していくことも重要である。

　母語指導のねらいとしては、①母国の民族としてのアイデンティティーの確立、②精神面の安定、③親子のコミュニケーション、④バイリンガルの育成、⑤帰国後の教育の準備、⑥母語による学力保障があげられる。

　現在、自治体や学校、地域の交流協会やボランティア等が放課後や休日に「母語教育」を行っているが、児童生徒の学習意欲や負担、親の協力、指導場所、指導時間、教師、教材、学校教育との位置づけ等、困難な面が多い。

　これから、母語指導のあり方、カリキュラムの作成、ネットワーク作り等について検討し、充実を図っていく必要がある。

国際理解

Q4. 補助者との連携

1、通訳補助者・日本語指導協力員・学校支援ボランティアとの連携を図りましょう。

　日常会話ができるようになっても教科学習についていくことは難しい。文部科学省では、教科学習についていけるように「JSLカリキュラムの開発」をした。現在、実施のための研修会やワークショップを開催し、少しずつ取り組まれてきている。

　学校では、教科内容を理解させるために、通訳補助者・日本語指導協力員・学校支援ボランティアの協力を得て、外国人児童生徒がどれだけ理解しているかを把握して担任に伝えたり、わからないところを質問できるように助けたり、自分で学習する方法を教えたりしている。

　指導分担を決めている学校もあり、それぞれの専門性を生かした指導が行われるようになってきている。

　現在は、外国人児童生徒への支援で手一杯の状態であるが、学習コーディネーターとしての役割も兼ねて、国際理解教育を進めるための手助けとなるであろう。

2、保護者・地域との連携を図りましょう。

　学校での学習だけでは、足りないところを地域の国際交流協会やNPO団体による「日本語教室」で支援してもらっている。この日本語教室は、日本語の指導ばかりでなく、集まってくる外国人児童生徒の話し合いの場としての役割も担っている。また、自治会でも外国人と日本人が協力して「お祭り」「避難訓練」等を実践して、共生に向けての活動も見られるようになってきている。

　また、外国人児童生徒の保護者会を開いたり、集会活動や学習時のゲストティーチャーとして、積極的に国際理解教育の推進に協力する保護者も見られるようになってきたが、共働きで忙しいため、なかなか学校に顔を見せられない保護者も多く、連絡等が徹底しないことがある。

まとめ

5つのキー

❀ 一人一人に合わせて

子どもたちは、それぞれ、年齢・母語・日本語の習得状況・母国での就学状況・家庭環境が違います。一人一人のニーズに合わせて、カリキュラムを組んで指導しましょう。

❀ 日本語の時間は、ことばの整理の時間

毎日、日本語のシャワーをあびて、児童生徒はいろいろな言葉を使うことができるようになります。日本語の時間には、使い方をはっきりさせたり、まとめたりして、整理しましょう。より正確な日本語が身につきます。

❀ いろいろな活動を通して

絵を描いたり、物を作ったり、歌を歌ったり、ゲームをしたりしながら言葉や文型を覚えさせます。1時間の中で一つ、「お楽しみ」を用意しましょう。
まず、児童生徒に「日本語の時間は楽しい！」と思わせることが大切です。

❀ 指導案を立て、時間配分にも気を配って

今日、終わらなかったから、明日やりましょうという訳にはいきません。限られた時間を有効に使うために、一回一回完結する授業にするためにも、面倒でも指導案を立てて、授業に臨みましょう。何回か立てているうちに、慣れてきます。児童生徒の好きな活動も入れましょう。
お楽しみプリントも忘れずに！

❀ 学びあう気持ちで……そして、児童生徒が
　 日本語で自分の気持ちを言えるように

もし、自分が日本語を学ぶ立場だったら……。いつもそんなことを考えながら教えてきました。教えられることもたくさんあります。
児童生徒の自立的な学びのために……

―― 著者紹介 ――――――――――――――――――――

井上　惠子（いのうえ　けいこ）

　千葉県出身。1980～2004年まで千葉市内の小学校に勤務。主に、国際理解教育・外国人児童生徒教育に携わる。
　1991年、国立国語研究所にて長期研修（日本語指導）。文部省日本語教材「にほんごをまなぼう1・2・3」作成協力。東京学芸大学日本語指導教材「たのしいにほんご」作成協力。
　現在、千葉県教育委員会委嘱研究員、千葉県外国人児童生徒学習支援相談室相談員、講師などで活躍中。著書多数。

外国（がいこく）からの子（こ）どもたちと共（とも）に　改訂版（かいていばん）

2009年1月28日　初版　第1刷
2009年10月1日　改訂版　第1刷発行

著　者　　井上　惠子（いのうえ　けいこ）
発行者　　比留川　洋
発　行　　株式会社　本の泉社
　　　　　〒113-0033 東京都文京区本郷2-25-6
　　　　　TEL 03-5800-8494　FAX 03-5800-5353
　　　　　http://www.honnoizumi.co.jp
印刷・製本　音羽印刷　株式会社

2009 Printed in Japan　ISBN 978-4-7807-0485-3